别输在不会表达上

李 劲 Li Jin ◎著

②

古吴轩出版社
中国·苏州

图书在版编目（CIP）数据

别输在不会表达上. 2 / 李劲著. — 苏州：古吴轩出版社, 2017.6
ISBN 978-7-5546-0940-8

Ⅰ. ①别… Ⅱ. ①李… Ⅲ. ①语言艺术－通俗读物 Ⅳ. ①H019-49

中国版本图书馆CIP数据核字（2017）第114522号

策　　划：	花　火
责任编辑：	蒋丽华
见习编辑：	顾　熙
装帧设计：	润和佳艺

书　　名：	别输在不会表达上2
著　　者：	李　劲
出版发行：	古吴轩出版社
地址：	苏州市十梓街458号　　邮编：215006
Http：	//www.guwuxuancbs.com　　E-mail: gwxcbs@126.com
电话：	0512-65233679　　传真：0512-65220750
出 版 人：	钱经纬
印　　刷：	大厂回族自治县彩虹印刷有限公司
开　　本：	710×1000　　1/16
印　　张：	14.5
版　　次：	2017年6月第1版　第1次印刷
书　　号：	ISBN 978-7-5546-0940-8
定　　价：	39.00元

如有印装质量问题，请与印刷厂联系。0316-8863998

前言
PREFACE

比外表更重要的是你的口才

很多时候，端正的外表也是一种竞争力。但是，如果一个人只有外表，却不能很好地表达自己的思想，不得不说是一件遗憾的事。

口才对于任何人而言，都不是一件可有可无的"饰品"。就算你仪表堂堂它也可以为你增添魅力。语言是最能展现个人魅力的工具，会说话就是一种资本。一个人是否能收获美好的爱情，是否能在面试中脱颖而出，敲开机遇的大门，是否能在人际交往中左右逢源，赢得大家的喜爱，是否能让一家人远离矛盾、其乐融融……这些都能在你的一番话语之中体现出来。

正如奥黛丽·赫本所喜爱的那句话："要想拥有吸引人的双唇，请说善意的言语。"如果你希望自己在别人眼中是一个随和的人，那么就要说温和的话语；如果你尖酸刻薄，总是将别人说得一无是处，那么你展现出来的就不是优雅与度量，而是将自己的形象彻底损毁。

一个人的魅力不仅来自外表，更来自丰富的内心世界。如果你不想让自己输在不会说话上，就一定要重视内心世界的经营，从风趣儒雅的谈吐中润泽、滋养自己，让自己由内而外地焕发光彩。事实上，口才好的人总是深谙说话之道，他们知道在不同的场合，对不同的人应该说什么、怎么说。

人生的舞台其实就是说出来的。你可以不漂亮，可以不帅气，但是你不可以"不会说话"。当今社会，一个人的成功，仅仅有15%取决于技术知识，而其余的85%则取决于人际关系及有效说话等软实力。可以说，会说话已经成为一种竞争力，是生存的需要、事业的需要、感情的需要。想让生活变得更美好、更快乐，就一定要明白这个道理——比外表更重要的是你的口才。

《别输在不会表达上2》这本书详细讲解了在各种场合下最受欢迎的说话技巧。只要你掌握了这些技巧，那么面对任何人都能妙语连珠、能说会道。

最后，衷心期待所有阅读本书的朋友都能练就左右逢源的社交口才，成为一个真正会表达的人。

目录 CONTENTS

第一章　未开口就能惊艳全场的八个法则
　　——你也可以成为拥有魅力口才的社交领袖　001
　　微笑是没有国界的语言　002
　　没有一个大人物是胆小鬼　005
　　让自己有话可说很重要　008
　　形象有时比内在更重要　011
　　最好的表达状态是放松　014
　　要与对方有眼神交流　016
　　每天都进行说话练习　019
　　让修养渗透到每一句话中　021

第二章　读懂人心，才能把话说得更圆满
　　——打破云里雾里的沟通障碍　023
　　言为心声，从言语推断出对方的秉性　024
　　闻声识人，顺着声音潜入人心　026
　　话外之音，读懂话语背后的潜台词　028

从语速探知对方的内心世界　　031
　　从声音的高低探知对方的性格　　033
　　肢体语言是怎样"出卖"你的　　035
　　谈论不同的话题，透露不同的性格　　038

第三章　说好开场白，成功跨出谈话第一步
　　——迅速拉近距离的说话训练　　041
　　短暂交会的三十秒是最佳时机　　042
　　寒暄：切入正题前的重要暖场　　045
　　握手是最直接的亲密接触　　047
　　美妙的声音让表达更有吸引力　　050
　　用灵活的称呼收服人心　　053
　　主动打招呼，尴尬去无踪　　055
　　谈对方感兴趣的话题，才能越聊越投机　　057
　　不知虚实，就从称赞对方开始吧　　060

第四章　话说三分，点到为止的话语才更有分量
　　——说话也是一种艺术　　063
　　话说得太满，问题就来了　　064
　　委婉含蓄胜过唠叨　　066
　　运用小技巧，让说服有声有色　　068
　　巧妙地表达不同意见　　070
　　直来直去不如绕绕圈子　　072

沉默没问题，但必须看时机　　　　　　　　074
取悦他人也要讲方法　　　　　　　　　　077

第五章　打入圈子，跟谁都能聊得来
——从陌生到熟悉就这么简单　　　　　　079
用心听了，陌生感就没了　　　　　　　　080
保持好奇心，话题源源不断　　　　　　　082
不要先从反对意见说起　　　　　　　　　084
不善言辞没关系，会提问就行　　　　　　086
就算话题没深度，谈话也要有热度　　　　089
了解实时资讯，变身话题达人　　　　　　091
闲聊时要躲避对方内心的"死穴"　　　　 093

第六章　化解尴尬，掌握不冷场的谈话技巧
——如何用语言技巧化解棘手局面　　　　095
就算忘记对方名字，也能自我救场　　　　096
讲了愚蠢的话，就要言责自负　　　　　　098
不幸被卷入争执，如何理智应对　　　　　100
越是敏感的问题，越需要冷静沉着　　　　102
聊得很不爽，那就换个频道　　　　　　　105
遇到话痨，设法解救自己　　　　　　　　107
面对窘境，懂得自嘲是智慧的体现　　　　109
背后拆台的事，是躲开还是加入　　　　　111

第七章　把握尺度，令语言更具魅力

——说话有分寸，绝不在该说与不该说上犯错　　113

玩笑有禁忌，道歉要真诚　　114

不吝赞美，但不能溢于赞美　　117

别人自嘲时，千万别附和　　119

尽量少说口头禅　　121

聊八卦可以，但要有底线　　123

话说多了，无异于自降身价　　125

不要随便踏进别人的私人领域　　127

玩笑话染上"恶趣味"就不好笑了　　129

第八章　能说会道，才能赢得职场好人缘

——在办公室聊天时，我们该说些什么　　131

会说话的人更有气场　　132

随便发牢骚是职场中最愚蠢的行为　　134

没有清晰的表达，一切都是废话　　137

不想被人呼来唤去，就在话里划定界限　　139

把无谓的胜利让给对方　　142

懂得让步，就是为自己赢得一席之地　　144

说话被打断，也可以友好地处理　　147

有些事，换种说法可能会更有效　　150

第九章　商务场合：沟通对了，事就成了
　　——商务谈判，千万不要输在不会说话上　　153
　　粗鲁地打电话，就会被冷酷地挂断　　154
　　把话说到客户心坎上，事情就已成功一半　　156
　　站在对方的立场说话，拉近距离不再难　　158
　　巧妙引导，让对方认为那是他的想法　　160
　　异中求同，让你变被动为主动　　162
　　一开始就让对方说"是"　　164
　　化缺点为优点，客户想拒绝你都难　　166
　　说话要温柔，更要铿锵有力　　168

第十章　让你瞬间发光的当众讲话
　　——会议、商务活动中的当众交谈技巧　　171
　　在会议上自信的秘诀　　172
　　会议上不懂讲话之道，难免会吃亏　　174
　　会前会后会沟通，成功的机会成倍增　　176
　　完美避开会议中的尴尬情况　　178
　　说话多点调味，才更具说服力　　180
　　时刻保持激情，你的演讲也可以精彩绝伦　　182
　　完美收尾，给听众不一样的回味　　184

第十一章 好好说话，增进亲情与友情
——如何与家人、朋友开心畅聊　187
请温柔地和家人聊聊天　188
把对方看在眼里，放在心上　190
富有情感的沟通能打破与家人间的隔阂　192
与亲近的人该聊点什么　194
多问问题，打开亲友的话匣子　196
亲人之间，道歉也要走心　198
想让孩子听话，父母得先学会说话　200
学会聆听，让你们的关系更亲密　203

第十二章 甜言蜜语，让相爱的人幸福一生
——两性沟通的微妙学问　205
不想结束谈话，就要说让人接得下去的话　206
保持神秘，避免向对方过多兜售自己　208
软语呢喃，远胜咄咄逼人　210
经常赞美爱人，他开心你也快乐　212
终止无意义的争吵，成就亲密关系　214
不要让高危险系数词语成为情感生活的挡路牌　216
爱情中偶尔也需要善意的谎言　218

第一章

未开口就能惊艳全场的八个法则

你也可以成为拥有魅力口才的社交领袖

微笑是没有国界的语言

> 微笑是最迷人的表情,也是最美丽的语言。

古希腊哲学家苏格拉底曾说:"在世界上,除了阳光、空气、水和微笑,我们还需要什么呢?"世人皆知水、阳光、空气很重要,岂不知微笑也有相同的价值?

那么,微笑是什么呢?有人说是一种表情,其实微笑更是一种超脱的魅力。它热情、友善,又能给人留下轻松和乐观的印象。有这样一个小故事:

一位女士正翻看菜单,打算点餐,服务员却嘀咕了一句:"你的鼻子真大。"

女士听了不但没有生气,反而笑了起来,更令人惊讶的是,她还轻声慢语地与服务员聊起天来:"你的裙子真漂亮!""你头上戴的发饰很好看!"

女士的赞美与脸上的微笑让服务员大感意外,她立刻对女士表示了歉意。

为什么那位女士没有生气,反倒轻松化解了服务员的敌意呢?其实,答案很简单,就是她的赞美和微笑。当我们对他人微微一笑,就意味着我们容易亲近且让人觉得自在。微笑还表示我们可以接受对方,无论他是谁。人类向来有投射他人情绪的倾向,所以我们微笑,对方多半也会报以微笑。可以说,越是纯洁的心灵,越容易感受到他人身上散发的美。而我们对别人的态度反应越强烈，越体现出我们自身的不足。

美国一位心理学家曾做过一个实验：观察了学生在毕业后四十年的生活。结果发现，毕业照上笑得最开心的学生，四十年后依然生活得很幸福、很快乐。而毕业照上没有笑的那个学生，始终一个人生活，而且日子过得辛酸波折、不如人意。

可以说，世界上最美丽的语言就是微笑，最动人的表情也是微笑。喜欢微笑的人不仅显得年轻、充满自信，还容易获得身边人们的喜爱，人际关系更加融洽。最重要的是，微笑不需要任何资本，却能获得巨大的收益。

大多数人的生活常常琐碎而忙碌，每天还要和各种各样的人打交道，承受很大的压力。清晨走进办公室，笑着和同事打一声招呼："早啊！"一整天的工作都会轻松愉快起来。傍晚回到家，笑着问候爱人："亲爱的，辛苦啦！"就算是在寒冷的冬日，彼此也会感到温暖如春。左邻右舍相逢一笑，既增进了感情，又密切了关系。人际关系有了芥蒂，再见时互相给个笑脸，不愉快也就烟消云散了。生活中遭遇不幸，一个微笑或许就能让沉到谷底的心得到温暖的慰藉。给他人一个笑脸，自己也能得到一个笑脸，同时收获一份好心情，何乐而不为呢？

一位游客携朋友到美国某景点观光，导游说附近有个极其特别的鱼市，在那里买鱼是一种享受。游客和同行的朋友听后，都感到非常好奇。

那天，他们兴冲冲地赶到鱼市打算一探究竟，天气却不是很好。不过，这没有影响到大家的心情，因为细心的游客发现了这个鱼市的特别之处：没有难闻、刺鼻的鱼腥味，到处都充斥着鱼贩们欢快的笑声。

鱼贩们就像合作无间的棒球队员，而活灵活现的鱼儿就像棒球在空中飞来飞去。一路上，游客还时不时地听到鱼贩们的对唱："啊，五条鱼飞往休斯敦去了。""八只蟹飞到博蒙特了。"这是多么和谐的生活啊，充满了欢笑和乐趣。

其中一位游客忍不住问当地的鱼贩："你们在这种环境下工作，为什么还能保持如此愉快的心情呢？"鱼贩轻描淡写地说："事实上，几年前这个鱼市还死气沉沉，大家整天怨声载道。后来，大家认为与其每天抱怨沉重的工作，不如改变自己的心态。于是，我们不再抱怨，而是把卖鱼当成一种艺术。再后来，一串笑声接着一串笑声，我们就成了鱼市中一道亮丽的风景线了。"说完，就是一阵爽朗的笑声。

其实，生活本来就是这样，无论你富甲天下还是一贫如洗，只要善用微笑，就懂得了生活的意义，而人生的乐趣莫过于微笑着生活。微笑诠释了一个人独特的魅力，面对不如意的现实，他相信这只是黎明前的黑暗。确实，生活就像一面镜子，你笑它就笑，你哭它就哭。用微笑面对生活，生活将回馈你更灿烂的微笑。

没有一个大人物是胆小鬼

> 你并不是每个人心中的VIP，聚会里也不是每个人都跟你的生活有很大关系。所以，你大可放心地和人们低调、愉快地谈话。

人际交往中，每个人都渴望自己能拥有出众的口才，然而，在实际谈话中，很少有人能自如地发挥自己的口才。大多数人不是言语不流畅，吞吐搪塞，就是情绪紧张，说话缺少吸引力，结果自然很难打动对方。聊天的目的就是要让人们感到舒适、自在，若是交谈的任何一方忸怩、紧张、拘谨，就社交而言都是失败的。

其实，在潜意识里拒绝与人交流或是害怕当众说话，是每个人与生俱来的弱点，并且和人的性格有很大关系。这样的人并不是谈吐能力差，而是缺乏自信。但是出于情面，很少有人主动打破这道藩篱，让不会聊天的人知道他们到底做错了什么。

问问那些对闲聊这件事敬而远之的人，总会听到这样的回答：

"我没办法说得很好，所以常常觉得很丢脸。"

"说实话，我很在意对方怎么看待我说的话。"

"如果我的话让现场气氛冷下来，怎么办？"

"我总是感到紧张，说话磕磕巴巴的。"

"我想好好说，但每次都会丢人。"

"别人说完话,我不懂怎么接,所以很怕两个人面对面地聊天。"

归根结底,出现这些问题,主要还是自我意识、过强的自尊心在作祟。如果一个人对自己都没有信心,心虚胆怯,难免会造成情绪紧张,而紧张的情绪反过来又会造成谈吐上的障碍。

这些自认为不擅闲聊的人,总是有过强的自我意识和自尊心,这追根究底是过分在意自己的形象,怕丢脸而不敢开口,结果只会在彼此之间形成更大的障碍。

想让每个人都喜欢与你交谈,最重要的一点就是自信。如果你总是表现得信心十足,说起话来就会掷地有声,富有感染力。

为了克服这个弱点,根本的解决方法就是,不要对自我形象有过高的认识,也不要对谈话的效果和过程有过高的期许。一次好的、高质量的聊天,更多取决于对话者的心态。一个没有受过高等教育的农民可能会给你带来身心愉悦的聊天体验,而一个受过高等教育的教授也有可能让你无法接话,这都是有可能出现的事情。

很多时候,你的自我评价会影响他人对你的看法:如果你觉得自己缺乏社交技巧,别人也会这样认为;如果你觉得自己无话不说,别人也会认为你是个滔滔不绝的人。事实上,人们总是习惯凭着显而易见的事实或听来的评价来形成对一个人的印象。因此,最好的办法就是引导他们产生你希望他们对你产生的看法。

要想做到充满自信、举止从容、行为得体,你还必须记住以下几个原则:

(1)你的听众会感受到你的情绪,并且会回应你的情绪。如果你热情,他们也会热情;如果你无趣,他们自然也会感到无趣。

(2)你一定要把注意力放在每个词句、每项行动上,并全力培养这种能力。千万记住,所有的力量都基于感觉,如果你觉得你能做到,那么你就能做得到。

(3)当你觉得不自然时,就要进行积极的心里暗示,这样的话,你之后的行为举止就会越来越自在。

(4)无论如何,都要表现出勇敢、自信的样子,或是至少要假装相信别人肯定喜欢看到你,别人肯定愿意花点儿时间和你聊聊。

最后，请你记住：你并不是每个人心中的VIP，同时，聚会里也不是每个人都跟你的生活有很大关系。所以，你大可放心地和人们低调、愉快地谈话，不必表现得很完美。说得直白点儿，你只需要让自己放轻松些，从而让别人感到舒服，这样你便会更受欢迎，而你也会变得更快乐。

让自己有话可说很重要

> 准备得越充分，在沟通的时候就会越自信，沟通的效果就会越好。

不知道你是否有过这样的经历：向老板汇报工作时，说着说着忽然就没话说了；遇到一个心动的女生，谈着谈着就没话可聊了；处在一个陌生的环境，结交一些新朋友时，发现自己很难和他们找到共同话题，只能很尴尬地杵在那里。

这样的经历、情境时有发生。然而，这些思维短暂停顿或谈话中断的情况，免不了会对我们的工作或生活产生负面影响。所以，我们有必要事先做好准备，做到有话可说。

Aaron 想请一位大学教授帮他做一些事情，终于，他有了一次和这位教授见面聊天的机会。

早在见面之前，Aaron 就盘算着怎样才能快速又顺利地和这位教授拉近距离。后来，他上网搜到了这名教授的博客，并且仔细阅读了他的所有文章，发现教授对泰戈尔的诗很感兴趣。于是，在和教授见面之前，Aaron 花了不少时间去读泰戈尔的诗，以备不时之需。

见面那天，当教授面带微笑地坐在 Aaron 对面时，他不经意间说出了泰戈尔的那句诗："你微笑，没有对我说一句话，而我觉得，为了这个，我已经等待很久了。"教授一下子听出了这是泰戈尔的诗，顿时既惊又喜。

正是这首小诗让彼此之间的心理距离一下子拉近了许多，接下来，两个人越聊越投机。Aaron也很快得到了教授的热心帮助。

看来，在任何时候，机遇都只青睐有准备的人。那么，怎样才能找到与别人聊天的话题呢？其实，你刚看过的报纸、杂志，或是偶尔翻看的书，还有广播、电视等，都可以成为话题的来源。若是再多了解一点热门新闻或是当下流行文化，更能使你在聊天场合中不至于言语乏味、无话可说。

也许你会说，这不就意味着我要什么都懂吗？其实，这个社会最需要的是有专业知识面的人。再者，每一件事情都有很多面，如果这一角度你不熟悉，那就换到一个自己熟悉，或是了解得相对比较多的角度来谈这个话题，这样或许就会好很多。

比如，在你刚入职的公司里，几位同事正在谈论某个明星的绯闻，而你对此却知之甚少，也不清楚他们各自的立场。此时，你该怎么说呢？

虽然你不知道那位明星的绯闻，但是你知道身边发生的事情，也就是说，你可以巧妙地换个角度，把话题拉到自己熟悉的领域。所以，你可以这么说："其实当明星也挺不容易的，时时刻刻都生活在镁光灯下，要被那么多人关注，还要顾及自己的公众形象。有时候，有点绯闻也是很正常的。"这样说话不仅不会得罪人，还能很快地融入一个新的圈子。

当然，为了做到在任何场合都有话说，也不能生硬地把你所知道的事都引入交谈中来。所以，在需要沉默的时候，你也要懂得适时"闭嘴"。比如，你可以问对方问题："你有没有看到今天的新闻提到……""有没有人看了东野圭吾最新的那本书？"请记住，你的目的是认识他们，而不是谈论某个话题。

如果没人搭你的话，也没必要为此感觉难堪，或许人家正沉浸在某个有趣的话题中呢，你自己不也经常这样吗？办法很简单，你直接加入他们的话题就是了。

总之，在参加社交或商务活动之前，你最好事先准备好你感兴趣的人物、活动、新闻等一连串交谈的话题。也许你在交谈时不需要提到这些，但是在关键的时候你可以用它们来应付场面！

　　也有一些人总觉得自己的口才不好，就算事先准备了相应的谈话内容，还是会遭遇尴尬。这是因为你没有不停地给自己心理暗示。比如，当你要说话的时候，你就要提前给自己一个暗示：我很努力，我很棒，我能做得很好。

　　可以说，不管你的口才处在何种水平，都有进步的空间，而充分的准备无疑是让交谈变得更为顺利的关键方法之一。只要你鼓足勇气，坚持下去，你就会养成充分思考和准备的习惯。

形象有时比内在更重要

> 得体的服装可以帮你展现出沉着自如、优雅得体的一面,让你在各种场合中都保持镇定自若的心态。

着装对一个人的影响,比很多人想象中要重要得多。无论在什么场合,也不管你的年龄,你的穿衣品位都在不断地定义你是谁。相关调查报告认为,一个人的衣着会影响别人对他的财务状况、权威性、可信度、智力水平以及工作稳定度的看法。不仅如此,衣着还会影响他人对一个人行为的判断,进而决定是否雇用你,是否付给你更高的工资,是否相信你的话,是否购买你推销的产品,等等。

的确,衣着——这一无声的语言,一直在告诉别人你是一个什么样的人。如果你想成为你想要成为的模样,就要学会用你的着装替你说话。

想必很多朋友看过电影《穿普拉达的女王》之后都会有这样的感悟:不仅内涵很重要,外表也同样重要。安迪从朴实、不修边幅的小助理一步步修炼为精致美丽的职场达人,这中间除了她个人能力的提升之外,自然也少不了外在气质的打造。

也许你会说漂亮是一件很主观的事,每个人都有自己的审美标准。但是请记住,你的衣服会讲话,而且声音很大。尤其是位高权重的政坛人物特别善于搭配自己的服饰。

英国前首相玛格丽特·希尔达·撒切尔堪称英国女政要的穿衣典范。英国《金融时报》甚至这样评论："撒切尔夫人改变了我们所有人，她的着装对今天的女性、对今时今日的女性着装仍然有着至深的影响。"

那么，曾经那个叱咤风云的"铁娘子"是如何成为时尚偶像的呢？在政界同僚看来，撒切尔夫人有两个风格标签——蓝色和珍珠。即便以今日的眼光来看，蓝色，那与生俱来的优雅稳重又不失活力的美感依然倍受女性朋友的青睐。撒切尔夫人对于珍珠的钟爱，更是毫不掩饰。在一次媒体采访中，她曾提到："珍珠能提亮肤色，让人瞬间变得光彩夺目。就算是一件普通的衣服配上珍珠，照样能显得气度不凡。"事实上，无论是日常着装还是晚宴礼服，珍珠首饰总能为撒切尔夫人衬托出极具个人特色的韵味。

更重要的是，撒切尔夫人还开创了英国政坛"权威穿着"的穿衣心理学。自她以后，女性政治家的幕僚里开始渗入时装专家的身影，而撒切尔夫人那既具有权威性和端庄感，又不失优雅女人味的套装造型，更是成为当今政坛女性的标志造型。

的确，在各种场合中，着装可以说是一种无声的语言。如果你着装不当，无异于向大众传达一种错误的信号。此时，你不但会成为舆论指责的焦点，甚至还会遭到非议。

1987年，美苏两国首脑在华盛顿签署《中程导弹条约》，其间两位第一夫人南希和赖莎的着装更是成了一次无声的自我介绍。

在这次重要的外事活动中，两个人不约而同地穿上了灰色的套装。赖莎为了改变苏联妇女"货车司机"的形象，特意在套装外面加了一件红色恤衫，最终效果显而易见——不仅很好地突出了上下身的比例，更令众人感到眼前一亮。

而南希的着装就没有那么适宜了。媒体评论说，她的套装的双肩给人的感觉不够沉稳，腰部线条也不够流畅，显得过于夸张。很显然，在这种特殊的场合下，南希的着装丝毫没有给她的外交形象加分，反倒因"不当着装"而备受争议。

的确如此，穿着一直都是塑造一个人形象的重要元素。"美虽无形，胜骁勇万千"，虽然有点夸大，但不可否认的是，外表好看的人的确会有很多优势和机会，毕竟"爱美之心，人皆有之"。既然衣着如此重要，那么怎样的着装才能更好地为你的生活加分呢？

（1）服装并不一定要高档华贵，但一定要保持清洁，并熨烫平整。唯有这样，衣服穿起来才能大方得体，你也才会显得精神焕发。

（2）工作时，应穿着正式套装；下班后，出席活动就多加一些修饰，如换一双高跟鞋，戴上有光泽的佩饰，或是围一条漂亮的丝巾。

（3）不同色彩会给人带来不同的感受，如冷色调的服装会显得庄重严肃，而暖色调的服装会使人显得轻松活泼。所以，你可以根据不同场合进行选择和搭配。

（4）佩戴的饰品不宜过多，否则会分散对方的注意力。而且佩戴首饰时一定要与你的整体服饰搭配统一起来，尽量选择同一色系。

虽说着装十分重要，但并不是要你过分地装饰外表。注重外表的前提是充实的内在。只有内在充实丰满了，才能在外表上有所体现。

最好的表达状态是放松

> 要克服说话恐惧症其实并不难,只要有充足的心理准备和实际的训练,你也可以成为优秀的演讲家。

恐惧、忧虑是阻碍说话达到预期效果的重要因素,日常生活中,我们经常会听到或是经历这样一些烦恼:

"我的导师在每堂课上都喜欢提问,每当叫到我的名字时,我都会张口结舌。我很害怕当众表达自己的见解。"

"对我来说,没有比求职面试更伤脑筋的事了。我花了足足九个月找工作,每次面试时,一张口说话我就特别紧张,总是冒冷汗,事先准备好的发言统统忘得一干二净。"

"我听过许多报告,即使我坐在听众中间,并且也没人知道我是谁,但每当我考虑提出一个问题时,我的心还是会怦怦地跳个不停。"

的确如此,一提到说话,很多人常常什么都说不出来,眼神飘忽不定,含糊其辞。现实生活中,我们难免会遇到当众说话的时候,但并非每个人都是天生的演说家,平常也鲜有练习的机会,于是,说话就成为很多人恐惧的事情之一。

美国演讲学家查尔斯·R.格鲁内尔认为,每个人身上都具有理性的、社会的、性别的、职业的自我形象。当人们说话时,就会把自我形象暴露在公众面前。由于担心自我形象会因为说话而受损,就产生了窘迫不安的怯场心理。

那么，如何把恐惧心理化为积极的谈话动力呢？你可以从以下技巧中选出适合自己的。

（1）很多时候，听众主要是想听内容，至于你是谁并不重要。所以，与其担心讲错话，倒不如专注于自己应该说些什么。

（2）就算是总统致辞，也可能会出错。所以，当你说话的时候，根本不需要用华丽的辞藻铺陈，就像跟朋友话家常一样，越是生活化的语言，越能让你放松下来。

（3）不管是只有十个人的小聚会，还是上万人的大型论坛，多数人都跟你一样，对说话这件事情，是恐惧、焦虑、不知所措的。当你知道这个事实后，再与别人接触时紧张和焦虑就会减缓。

（4）事实上，那些在社交场合表现得谈吐优雅、举止大方的人都是在无数次的谈话之中练就的。当你这样认为时，你的紧张焦虑就会降低许多。

（5）很多人常常认为别人各方面都比自己强，在遇到人多或是重要的场合时，就显得特别紧张，以至于无法顺畅地表达自己的想法。其实，你完全不必高估对方，认为自己不如别人，反倒是应该多想想自己的优势，并激发和强化自信心。

（6）有时候，直接向对方表达自己的紧张和焦虑，这些负面的情绪反倒会随之消失。比如，当你去拜访自己比较在意的前辈时，你可以说："见到您，真的很高兴，但由于一直很仰慕您，所以见到您有点紧张，请您见谅。"

（7）通常情况下，胆小忧虑的人在说话时声音往往很细小，显得信心不足。对此，要注意提高音量，养成大声说话的习惯。时间久了，胆量就会在大声说话中得到提升。

（8）如果你觉得紧张、害怕，那就把手头的事情停下来，做深呼吸，让自己放松下来。待完全放松后，再重新回忆一下刚才的情景。如果还是紧张，就继续做深呼吸，如此反复，到你不再觉得紧张为止。

要与对方有眼神交流

> 最鲜明、最突出、最能反映一个人深层心理的恰恰是他的眼神。同时,善用眼神传情达意也能获得意想不到的效果。

眼睛,被人们称为"心灵的窗户",这不是没有道理的。尽管我们可以选择说什么样的话,控制不愿外露的面部表情,但是我们的眼睛不会说谎,它会透露我们的想法:是喜欢还是厌倦,是惊奇还是平淡,是信任还是不信任。很多时候,即便我们不说一句话,眼睛也具有很强的判断、表达的能力。

可以说,在整个面部表情中,最鲜明、最突出、最能反映一个人深层心理的恰恰是他的眼神。一个人的喜怒哀乐、爱憎好恶都能从他的眼神中表现出来,眼神甚至还能表达出用言语难以诉说的极其微妙的思想感情。

不仅如此,一个充满魅力的眼神,不仅可以让别人看到你的自信,还能很好地促进彼此之间的人际交往。反之,如果对方一直在东张西望,对你而言,那种场面一定相当尴尬。

因此,学会用眼睛说话,把自己真实的感情通过眼神表露,有时候甚至能比语言获得更佳的表达效果。

在飞往意大利威尼斯的航班的登机口,一位年轻女子和她的男友一路飞奔着跑了过来。虽说飞机尚未起飞,但是登机通道已经关闭,登机口到机舱口之间的登机桥也已被收起。

"等等，我们还没登机！"年轻女子气喘吁吁地喊道。

"很抱歉，女士，登机时间已过。"正在平静地整理着票根的工作人员说道。

"可是我们的转乘航班十五分钟前才刚到机场，而且他们口口声声答应我们一定会提前打电话通知登机口的。"年轻女子继续解释。

"真的抱歉，登机口一旦关闭，任何人都不能登机。"登机口工作人员表情严肃地说。

年轻女子突然沉默了，忽而又像是想起了什么，猛地拉着男友走到玻璃窗正中间的位置，这里恰恰可以看到飞机驾驶员的座舱。

年轻女子注视着飞机驾驶员，看样子，她希望以此引起对方的注意。

这时恰好有一名驾驶员看向了她站立的位置，两个人就那么对视着，似乎也就是几秒钟的时间。但是，年轻女子事后回忆起来却说："那一刻，时间仿佛都凝滞了。我感觉到驾驶员看到我们站在玻璃窗前可怜兮兮的样子，我们的眼里充满了悲伤和哀求。"

最后，那名驾驶员的嘴唇略微动了几下，另一名驾驶员也看向年轻女子，转而只见他点了点头。

就这样，这位年轻女子和她的男友听到登机口工作人员的电话响了。一位工作人员看向他们，眼睛瞪得大大的。

"拿上你们的行李！"工作人员说，"飞机驾驶员让你们快点儿登机！"

年轻女子和男友兴奋地抓起行李包，向那两名飞机驾驶员挥挥手，匆匆上了飞机。

很显然，这是一次成功的"谈判"，年轻女子虽然没有说出一言一语，却以一种意志明确、高度有效的方式获得了成功。不得不说这个过程中包含了很多技巧，当然，肯定少不了这位女子会说话的眼神。

在当时的情况下，这位女子的眼神可以说是最强有力、最有效的交流工具。这跟家长经常只是通过一个眼神，就能让顽皮的孩子安静下来，或是一对年轻的恋人隔桌相望，不说只字片语也能互送秋波，有着同样的效果。

其实，生活中很多事情的成功与否，比如求职面试、商业洽谈或是初次约会，都与我们用眼神传达正确信息的能力有关。与人交谈时，我们常常会强调双眼要直视对方，对对方而言，这个微妙的动作其实在无形中传递了几个明显的信息：你是放松的，你很自信；你和他在交谈时，你的精力是集中的。这也解释了为什么演说家往往会建议你与交谈者要保持一定的目光接触，因为这对留下积极的第一印象很关键。

如果你对眼神的接触感到不习惯，可以先找家人或是朋友做练习，直到你和他人谈话的时候至少有一半的时间能够主动接触对方的眼神为止。在这个过程中，无论你遇到什么困难，都要坚信一点：这确实是一个很重要的社交技巧。

当然，你也可以时不时地把眼神移开，或是至少高过对方的肩膀，这样才不会表现得像是在刻意记住他们的模样，或是让自己的眼神看起来无比锐利。毕竟被直勾勾地盯着看，无论是谁都会感到不自在。此外，为了避免只盯着对方的眼睛看，你也可以试着看对方的整张脸，这也是一个很有帮助的眼神接触方法。

不过，在现实生活中，如果有些人不敢和你对视，很可能暗示着他有过邪恶的行为，或是性格上有什么缺陷。当然，也不排除神秘的个人行为这种可能，而你所能做的就是接受。

每天都进行说话练习

> 不管一个人有多么渊博的知识、多么聪慧的大脑，都不可能一开始就把自己的想法和建议清楚明白地表达出来。如果你不经常说话，不思考怎样才能说得更好，是不可能取得成功的。

一个人如果不下水，就永远也学不会游泳；一个人如果不扬帆，就一辈子也不会撑船。说话能力也是如此。如果你不开口说话，即使学了再多的关于当众讲话或是谈判的知识与技巧，也不可能真正灵活运用。进一步说，如果你不经常说话，并且不思考怎样才能说得更好，你是不可能取得成功的。

也许很多人会说："每当我要开口说话的时候，经常会连自己想要表达什么都忘得一干二净，更谈不上文采和修饰了。"其实这并不重要，最重要的是你已经成功地开口说话。你要知道，不管一个人有多么渊博的知识、多么聪慧的大脑，都不可能一开始就把自己的想法和建议清楚明白地表达出来。

其实，在谈话中做到八面玲珑、魅力无穷并非易事，任何成功的说话高手都是从点点滴滴的谈话中磨炼出来的。

当萧伯纳被问及他是如何学会声势夺人地进行演讲时，他答道："我是以自己学会溜冰的方法来做的，我使劲让自己出丑，直到我习以为常。"

年轻时，萧伯纳相当胆怯，有人看见他在防波堤上走上二十分钟或更多的时间，最后才壮起胆子去敲别人的家门。他承认："很少有人像我这样为胆小而痛苦，或极度地为它感到羞耻。"

后来，萧伯纳无意间用了最好、最快、最有把握的方法来克服羞怯、胆小和恐惧。他决心把弱点变成自己最有力的资本。他加入了一个辩论学会，伦敦一有公众讨论的聚会，他必定参加。萧伯纳还全心投入社会主义运动，并四处为该活动演讲。结果，他把自己变成了二十世纪上半叶自信、出色的演说家之一。

每个人都会有理想的自我形象，希望别人以赞许的目光来看待自己。当这个人跟陌生人接触、与异性交往、与权威人士交谈或是当众说话的时候，就会不由自主地意识到自我形象面临着某种威胁，担心自己一说话就错误百出、当众出丑，害怕别人说自己"没水平"或者"爱出风头"。很多人由于会对说话可能产生的不确定性感到担心，因此不愿意开口。其实，这种担心是完全没有必要的。要知道，即使你没有说好，也没有人会责怪你的。

所以，你应该抓住每次锻炼说话的机会。看看自己的周围，你会发现没有一个地方是不需要说话的。你可以有意识地参加一些组织，从事一些需要讲话的工作；你也可以在聚会上站起来说上几句哪怕只是附和别人的话；在开会的时候，你不要让自己躲在角落里，而是要命令自己勇敢地站起来说话。只有这样，你才能知道自己在哪些方面有进步，才能掌握说话的技巧。

让修养渗透到每一句话中

> 一个具有良好修养的人,通过得体的语言,能够让自己成为受人尊敬和欢迎的人,从而成功赢得人心。

语言表达能力并非每个人天生拥有的本领,而是后天练习的结果。口才的完善是思想、语言、行为、仪态、情绪等各个方面综合磨炼的过程,更是提升内在修养的过程。遗憾的是,很多人的外在形象很好,精美的名片上也印着各种头衔,结果在开口说话的瞬间,真实的修养却暴露无遗。

某繁华商务区的一家咖啡馆,走进来一位美女。只见她皮肤白皙,大长腿,五官精致,明艳动人,点过咖啡后,她便静静地端坐在那里,看样子是在等人。

过了一会儿,这位美女等的一位姑娘到了,只见她伸手打了个招呼。

可是,这位美女一开口就把邻座的客人给吓着了:"哎呀妈呀,你这包老好看了,新买的啊,在哪里买的,多少钱呀,老贵了吧?"美女的声音之大,引得旁人纷纷侧目。

你的身边是不是就有这样一些人?

你穿着新买的衣服,他瞟了两眼,就开始刨根问底:"你这衣服多少钱买的?""哎呀,买贵了,不好看,赶快退了吧!"

你追剧正追得开心，他突然冒出一句："你怎么看这个电视剧啊，这是给傻子看的，既没营养又浪费时间，快换台，快换台。"

他们一开口就是负能量，不是唠叨菜价涨了，就是抱怨公交车来得慢，从他们口中我们永远只能听到坏消息。

很多时候，我们往往会善良地认为，一个人说话刺耳只是因为他直言不讳，一个人满嘴负能量只是因为他的日子过得不够顺。说话难听，一次两次还可以理解成心直口快，如果每次都这样，只能说明这个人的教养不够。如果一个人每天都把源源不断的坏消息、坏心情输送给你，自己过得不开心也就算了，还要搞砸你的生活，只能说明这个人的情商低。

其实，在交谈时，让对方觉得舒服才是一个人最基本的修养。而且说话不只是一种能力，更是一门艺术，可以折射出一个人的方方面面。在交谈中更能看出一个人的人品。事实上，你的语言就是内心世界的一面镜子，你的心里想些什么，就会说出什么样的话。透过这面镜子，我们可以看到很多平时不容易看到的东西。正所谓"言为心声"，从一个人的言行中，我们往往可以判断其思想和情感，以及这个人的修养与格局。可以说，语言就是一个人修养的标志。

我们每个人都很在乎自己的个人形象和前途。一开口说话，你的意识观念、价值观、行为方式、心胸情怀、道德修养，乃至性格特点都将全部展现在听者面前。如果一个人的心里只有自己，无视他人的感受，一出言便贬低别人，抬高自己，怎么会不让人觉得寒心呢？

修养和气质来自你的一举一动、一言一行。要想学会说话，关键还在于提高自己的修养，增加阅历，感悟人生。当然，要想把话说好，并非易事。如果你觉得自己的语言表达能力不尽如人意，或是修养不够，那就多读书、多思考，这样才能带给你更高的修养和语言表达能力。

第二章

读懂人心，才能把话说得更圆满

打破云里雾里的沟通障碍

言为心声，从言语推断出对方的秉性

> 只有熟悉对方的性格、兴趣、习惯和说话方式，才能把话说到对方心里去。

一个人的性格，真的会从他的说话方式里流露出来吗？虽说每个人的说话方式与他人有着一定的差别，但是，从这些说话方式里提炼出来的性格密码，往往带有一定的普遍性。也许你会发现真正的说话高手都有这样一种本领：只需要和对方交谈一会儿，甚至仅仅听对方说上几句话，就能大概判断出对方的脾气秉性，做到"听其言，知其行"。

某设计公司接了一个园林项目的设计工作，为了保证质量和效益，领导打算聘请业界一位著名的设计大师担任顾问。棘手的是，那位设计大师性情孤傲，公司先后派了几个员工去拜访，都碰了钉子。最后，公关部经理葛天主动请缨，前往设计师的家中和他洽谈。

在拜访这位设计师之前，葛天从熟人那里打听到，老先生对丹青有着非常浓厚的兴趣。

为了这次洽谈的成功，葛天足足花了半个月的时间认真研读中国美术史方面的书籍，希望跟这位设计大师见面的时候，能够多一点谈资。

那天，葛天到设计大师家中造访，她明显感觉到，老先生对她的到来表现得很冷淡。

其实，葛天早就料到会这样，也没往心里去。她走到老先生的书桌前，欣赏起他刚刚完成的一幅作品，并赞叹道："老师的这幅画作，清润文雅、平和怡然，真是一幅难得的佳作。"

听了葛天的赞美，老先生冷淡的情绪缓和了许多，像是遇到了知音一般。

最后，谈话进行得非常愉悦，老先生也答应了葛天的邀请，同意出任该公司的设计顾问。

在社交中，想要说话对对方的胃口，就得了解对方的性格、兴趣、习惯和说话方式，只有做到"到什么山头唱什么歌"，才能把话说到对方心里。那么，我们如何从言语中判断出对方的性格？

例如，如果一个人说话时总是谈论自己，可以从自己的经历、个性，一直聊到对当下一些事情的看法，显然这种人的性格比较外向，喜欢表现自己，乐于表达自己的态度和意见。不可否认，这种人多少有点虚荣。

相反，如果一个人谈话的内容很少涉及自己，无论是经历、性格，还是对某件事情的看法或态度、意见等，这往往意味着这种人的性格较为内向，不爱公开表现自己，比较保守。另外，这种人可能有着很深的城府。

还有一些人，总是给人快言快语、易冲动的感觉，这种人的性格大多比较急躁；为人直率热情、活泼好动、反应迅速、喜欢交往的人，大多是性格开朗之人；那些喜欢口出狂言、好为人师的人，往往是骄傲自负之人。

所以，说话时，我们一定要根据对方的身份、职业、经历、性格、心情等，采用不同的说话方式，如此才能收到更好的效果。当说话方式与对方性格相投时，自然能一拍即合。

闻声识人，顺着声音潜入人心

> 当我们从一个人的面部表情、身体动作、说话用词等方面都无法知晓对方究竟在想些什么时，不妨通过声调去揣摩其喜怒哀乐等情绪变化。

生活中，很多人都有过这种体验：不用眼睛看，只要听到对方的声音，就能判断出这个人自己认不认识。如果认识的话，还能判断出这个人到底是谁。

道理很简单，人的声音各有特点：有的洪亮，有的沙哑，有的尖细，有的粗重。有的人长得高大、魁梧，说起话来却细声细气、有气无力；而有的人身材矮小，声音却非常洪亮。

古人讲"心动为性"，性分为"神"和"气"，而性发成声。意思是说，声音的产生不仅有赖于空气，还和说话者当时的心理活动密切相关，而且声音轻重、长短、缓急、清浊的变化也与一个人的特征息息相关，这便是"闻声识人"。

所以，当我们从一个人的面部表情、身体动作以及说话用词等方面都无法知晓对方的心态时，不妨通过声调来揣摩其喜怒哀乐等情绪变化。你要知道，声音可以说是洞察人心的一个重要线索，不仅能展露出一个人的性格，甚至连这个人是俗是雅，是刚是柔，是智是愚，都能听个一清二楚。

通过声音常常能辨别出一个人的心事。一般来说，当一个人的内心通达的时候，声音就会显得清亮；一个人的内心平静的时候，声音往往会很平和；而内心慢慢变得兴奋之时，声音又会变得很激动。

经常唉声叹气的人，大多比较自卑，心理承受能力差，不能正确地面对失败。往往不从自己身上找原因，而是把失败的原因归结到外界因素，以此来安慰自己。语气凝重深沉的人，大多比较成熟，对世道人心的把握很老练，也具有很强的责任心。

不仅如此，闻声识人还可以帮我们辨别出一个人的职业、志向、心胸等。比如：声音洪亮的人，大多精力比较旺盛，具有艺术家的气质，有情趣、热情，也有荣誉感；声音低沉而粗重的人，比较现实，很有作为，而且适应能力强，为人成熟潇洒；声音清脆的人，会给人留下精力充沛、活力无限的印象，性格大多比较外向；声音温和而沉稳的人，往往具有长者风度，做事慢条斯理，具有很强的耐力，一旦确立目标，就会扎扎实实地坚持到底。

由此看来，一个人说话时的声音，总会在不经意间透露自己的内心世界、情感和态度。所以，不管是在日常交流，还是在说服别人时，了解清楚一个人说话的声音，对我们的沟通都具有很好的促进作用。

话外之音，读懂话语背后的潜台词

> 唯有听出对方的言下之意、弦外之音，才能达到沟通的目的。而一个听不出话外音的人，在他人看来一定是愚蠢的、可笑的。

很多时候，聪明的人在表达自己的思想或感情的时候，往往不会直接表明，而是选择用一种较为隐晦的说法代替。尤其是在对方犯错时，这种委婉地指出错误的方法更容易让人接受。

亨利是美国历史上富有口才的牧师、演说家，不久前，他不幸去世了。

在一个星期日，莱曼应邀向那些因亨利去世而伤心不已的牧师们演讲，由于他急于取得成功，所以把演讲词改了又改。

在演讲正式开始的前一天，莱曼将演讲词读给妻子听。

事实上，他的演讲词写得并不好，可以说是很糟糕。如果莱曼的妻子缺乏见识，她可能会这样说："莱曼，你写的是什么啊，简直糟透了，绝对不能用。你传道这么多年，竟然写了一堆让人听起来就要睡着的东西。我敢说，如果你这么念下去的话，一定会搞砸的。"

那么，事实又是怎样的呢？莱曼的妻子心里很清楚，如果照此念的话，丈夫的演讲会有怎样的结果，所以，她换了一种方式："亲爱的，我觉得如果我们把这篇演讲词寄给报社的话，一定是一篇极好的文章。"

莱曼听出了妻子隐晦的意思，便撕碎了自己精心准备的底稿，第二天连大纲都不用，很自然地做了演讲。

莱曼之所以满心欢喜地接受妻子的意见，是因为妻子称赞了他的演讲词，同时又很巧妙地暗示了丈夫不能用这篇演讲词去演讲。莱曼当然知道这一点，所以他照妻子的意思做了。

很多时候，运用含蓄的语言进行委婉、间接的劝服，能够达到理想的效果。俗话说："听鼓听声，听话听音。"听音，就是听别人说的话，对此你要认真地揣摩。有些话如果单从字面意思上来看，是听不出什么名堂的，但是聪明的人往往能从中理解说话者的本意，这就是听弦外之音。透过字面意思去了解它的深层含义，即理解它的"言外之意，话外之音"。

举个例子，如果一位邻居对你说："你家女儿真刻苦，每天晚上十一点多，我们都睡觉了，还听见她在弹琴。"很显然，这不是一句普通的话，言外之意是，你家女儿弹琴弹到很晚，影响了别人的休息。所以说，听人说话，一定要听懂弦外之音。

尤其是在职场中，学会听懂上司说的话，特别是弦外之音，不但是一个人成熟的体现，而且工作起来也能游刃有余，效率和默契程度才会更高。但是，如果你不够聪明，不明白说话人真正的意思，就会增加沟通的难度。

小萧在一家法资企业工作，平日里，他和公司领导私交甚好。

有一次，领导特意安排他陪同去法国出差。对于这件事，大家早就在私底下议论纷纷，毕竟这么好的差事，谁不想去呢？

考虑到影响的问题，领导找了一个机会，当着所有职员的面问道："小萧，你的法语很不错吧？"

可是，小萧却没有弄明白领导的话外音，谦虚地回了句"我的法语水平很一般啊"。话刚说出口，他身边的同事便开始毛遂自荐了。

小萧这才恍然大悟。

其实，办公室里同事的法语水平都差不多，领导只是想给小萧一个锻炼的机会。可是，小萧却没能听出领导的话外之音，白白错失了这个机会。

在不同的语言环境下，一句话很可能会有迥然不同的意义，这就需要我们学会审时度势，准确判断出说话人在某一情境下的真实用意。听出对方的言下之意、弦外之音，才能达到沟通的目的。而一个听不出话外音的人，在别人看来一定是愚蠢的、可笑的。

从语速探知对方的内心世界

> 人在说话时,既是在进行一种思想交流,又是心理、感情和态度的流露。其中,语速的快慢、缓急往往能直接反映出说话人的心理状态。

说话的特征之一——速度,更能体现一个人的机敏程度。一般来说,说话速度快的人多半聪明伶俐、能言善辩,说话速度慢的人多半比较木讷。

但是,如果一个人说话速度跟以往大相径庭,往往与他的深层心理有着密切的关系。比如,平时巧舌如簧的人,突然变得笨嘴拙舌,或者平日说话没有头绪的人,突然说得条理分明,你就要格外注意了,看是否发生了什么事情,使他们的心理发生了变化。

再比如,对自己不满或怀有敌意的人,说话速度往往会不自觉地放慢。相反,心怀愧意或是想要说谎的人,说话速度往往会快得吓人,尤其是在想取得对方谅解时,不仅语速加快,还会找些话题以拉近彼此的关系。

职场社交对话也遵循这个规律,平时默不作声的人,如果突然话多得令人觉得很不自然,那么背后一定有什么不为人知的秘密。

有位编辑,平时说话不多,总是细声细气的。

有一天,她却滔滔不绝地跟一位作者在电话中聊了许久,这让作者感到有点异乎寻常。

等这位编辑说话告一段落，作者试着问她："嘿！你今天好像有点奇怪，和平常大不一样啊！"

这位编辑笑了一下，低声回复道："其实我是升职了，到了出版社的管理部门。"

虽说作者从电话中看不到她的表情，但是仍然可以想象得到她当时一脸欣喜的样子，而这位编辑自然也给作者留下了非常深刻的印象。

总而言之，语速可以微妙地反映出一个人说话时的心理状况。如果留意他人语速的变化，你就能发现对方的内心变化。如果你对别人的语速缺乏了解，就无法确定说话人的态度、感情和意图。

从声音的高低探知对方的性格

> 声音是了解一个人性格的重要凭据，听听亲友的声音，或是研究自己的发声习惯，都能印证"声如其人"的道理。

声音与说话人当时的心理活动密不可分，声音高低、轻重、缓急、长短，无论哪一方面的变化，都反映了说话者内心世界的变化，这也是闻其声、辨其人的基础。

下面就谈一下一个人说话时，其声音的高低与这个人心理与性格之间究竟有什么神秘的关系。

大声说话的人，大多性格明朗、爽快，待人真诚，但正是由于说话直来直去，常常得罪人了却不自知。另外，这类人品行端正，做事光明磊落，组织能力强，有责任心，所以常常被领导委以重任，同时也是值得信赖的合作伙伴。

小声说话的人往往缺乏自信、气度，有时也会为了一些微不足道的事与他人争吵，甚至与对方绝交。在待人方面，这类人很少会流露出真心，也正是如此，这类人很难交到真心的朋友。

说话声音突然变得很小的人，性格很容易受心情的影响，遇到不可行的事情，心理承受能力会变得很差，这其实也是一种缺乏自信的表现。在谈到某件事，觉得自己没有能力办到时，说话声音也会突然变得很小，以此来掩饰自己。

说话声音突然变得很大的人，这类人在生活中总是表现得很有耐心，善于思考，无论对方说些什么，都会认真仔细地倾听，特别是在听到自己不明白的某些问题时，还会随时提出疑问。但是这类人也有非常固执的一面，一旦他提出一个想法，而对方没有按照他的想法去做的话，很可能会发生一场争论。

说话时，喜欢高声尖叫的人，最大的特点就是爱炫耀，希望别人时刻都关注他。可以说，他们对自己的一切都十分在意，虚荣心很强，其实他们只是希望给别人留下一个好印象。但是由于他们缺乏真诚，所以常常会一无所获。

总之，声音是了解一个人性格的重要凭据，所以亲友的声音，或是研究自己的发声习惯，都能印证"声如其人"的道理。

肢体语言是怎样"出卖"你的

> 与人交流的过程中,谈话是传递信息的主要方式,但你的肢体语言也会传递出一部分信息,而这些信息不一定都是积极的。

生活中,人们似乎总是特别在意他人的肢体语言,一个微笑,一次奇怪的眨眼,一次握手,一次尴尬的互动,甚至是藐视的一瞥,都能让人们讨论半天。

事实上,当你的面部表情、身体动作、姿势,以及你的服饰、装扮等信号集中在一起时,就会向别人传递出关于你的一切信息。更微妙的是,人们似乎非常善于通过观察他人的肢体语言,预测某些结果——哪个人会升职加薪,哪个人会被请去吃饭。

某位女性刚入职不久,工作上就遇到了麻烦,为此,她心情变得极糟,工作效率也直线下降。当天晚上,她拨通了一位师姐的电话,一番诉说后,她楚楚可怜地问师姐:"为什么那个同事以为我讨厌她呢?我没有说过任何关于她的坏话啊!"

师姐对她的脾气性格还算了解,最后只回复了一句:"答案也许就在你的肢体语言里!"

原来,她有一个习惯性的动作,就是皱眉,遇到事情容易想不开,较悲观。虽然对她来说,这是一个下意识的动作,但是在别人眼里,皱眉和所有不开心的表情一样，会传递出心烦意乱的信息，进而把周围的人拒之门外。久而久之，这个会给你带来坏运气的小习惯难免给周围人留下了不好的印象。

肢体语言的影响确实很大，而且很重要，但很多时候，就是因为我们太熟悉肢体语言了，以至于常常忘记了它的存在。此时，不妨停下手头上的事情，认真地做一个自我审查，看看现在的你是不是正弓着背，蜷缩着身子，或是虽然坐在椅子上，但是整个人看上去萎靡不振……

事实上，每个人都会表现出不同的步态、站姿、坐姿等，而你的这些姿态往往会传递出一部分信息，而这些信息不一定都是积极的。

（1）夸张的手势。有时候，一些小幅度的手势可以展现一个人的领导力和自信，但是如果手势很夸张，则暗示对方你在夸大事实。

（2）谈话时不停地看表。如果对方有这种行为，暗示正处于焦虑中，或是对方有更重要的事情要做，急于离开。

（3）身体远离交谈者。谈话时，当一方对谈话内容不感兴趣，或者不信任对方所说的话时，往往会做出这个动作。

（4）交叉的双臂。这个动作是在暗示对方对这次谈话还没有放开，即便你们的交谈看上去轻松愉快，对方仍然会有被排斥的感觉。

（5）夸张地点头。很多时候，这个动作并不只是为了掩饰真实想法，还有可能透露出焦虑。

（6）坐立不安或拨弄头发。如果不停地做这个动作，除了说明你精神焦虑、自负、注意力不集中，还会给别人留下过于注重自身外表的印象。

（7）避开眼神接触。在谈话过程中，如果你有这个动作，会让对方认为你隐藏了某些事情，也表明你对沟通不感兴趣，缺乏自信。最终，不仅让对方有疏离感，还会影响到双方的沟通效果。

（8）不停地转动眼珠。对有些人来说，这是一个习惯，但是如果能稍微控制一下，就能取得良好的社交效果。否则，会让人误解对对方缺乏尊重。

（9）轻轻地握手。握手的力度要根据对象和情况来调整。但是如果握手的力度过轻，往往表明缺少权威和自信。

（10）和别人的距离靠得太近。与人沟通时，如果彼此之间的距离小于半米，不免会让对方觉得不舒服，因为个人空间受到了侵犯。

的确，高明的骗子可以说出具有迷惑性的语言，但是肢体动作常常会在不经意间"出卖"一个人。其实，很多时候只需要多留意一下自己的肢体语言，并做小小的调整，就会让一个人变得很不一样。

谈论不同的话题，透露不同的性格

> 与人谈话时，我们常常会在不经意间透露自己的信息。那么，交谈对象喜欢谈论的话题中又隐藏了什么呢？

日常交流中，任何一件事物都可以成为我们谈论的话题。在与人谈话的过程中，如果你细心留意对方谈论的内容是什么，就一定会获得一些有益的信息。虽然谈话者不是直接地透露自己的信息，但随着谈话的进行，谈话者会在不知不觉中暴露出内心的秘密。所以，从对方喜欢交谈的话题中，我们也可识其人。

1. 喜欢谈论自己的人

无论说话人聊的是自己的经历，还是家里发生的琐事，这往往意味着他是一个外向的人，喜欢并敢于表现自己，尤其是在公共场合。但是这样的人也多少有点虚荣心。另外，善于向众人表明自己想法的人，大多较有影响力，并有领导他人的勇气和魄力。

2. 喜欢谈论他人私事的人

一个总是喜欢聊他人发生的事情的人具有强烈的支配欲，但又缺乏领导能力，通过谈论他人的私事，尤其是隐私、丑事来获取心理上的优越感。但是这种人的内心往往很空虚，生活上也没有知心朋友。

3. 喜欢谈论国家大事的人

一个经常谈论国家大事的人，视野无疑是非常开阔的。这样的人具有长远的眼光和宏伟的规划，而不是局限在一个小圈子里。

4. 喜欢谈论生活琐事的人

这种人很会享受生活的舒适和安逸，平易近人，与世无争，他们认为家庭永远是第一位的，因此他们的家庭关系以及家庭生活往往处理得比较好。

5. 喜欢谈论金钱的人

这种人唯一的梦想就是金钱，没有什么追求，只知道赚钱。他们常常错误地认为，金钱意味着一切。其实，这种人的内心非常缺乏安全感，生活也极为乏味，即使累积了很多财富，还是不能满足，生活也不会幸福、快乐。

6. 喜欢谈论自然风景的人

这种人非常注重自己的身体健康，生活也很有规律。在为人处世方面，谨小慎微，讲求原则。

7. 喜欢谈学问的人

这种人属于典型的眼高手低，甚至有些自以为是。虽然他们也很有上进心，但往往不能正确地认识自己，由于眼高手低而失去很多成就大事的机会，最终只能孤芳自赏。

8. 喜欢畅想将来的人

经常憧憬未来生活的人，热爱生活，爱幻想。若是能将幻想付诸行动，往往也会取得一番成就。相反，如果只是停留在口头说说而已，最终会一事无成。

9. 随便向人倾诉衷肠的人

这种人即便和对方相识不久，也会一股脑地向对方倾诉心事，并且一副诚恳的模样。表面上看，这种人似乎很令人感动。然而，对其他人，他们也会做出同样的表现，说出同样的话。很显然，这样的人完全没有诚意，绝不是一个可以深交的人。与这种人交谈时，千万不要附和他所说的话，最好不发表任何意见，只需敷衍几句就够了。

10. 提出试探性话题的人

谈话时，如果一方提出一个十分敏感的问题，让对方觉得很孤立，这是想迫使对方做出果断的选择。一般情况下，男女恋爱时经常会用这种方式来考验对方。这样一来，就可以试探对方说的到底是不是真心话。

11. 突然插入不相干话题的人

当你正饶有兴致地谈论着一个话题时，对方突然插入一个毫不相干的话题，这是因为他对你的话题根本不感兴趣。这种人有着极强的支配欲和自我显示欲，性格大多蛮横霸道。谈起话来经常喋喋不休，不喜欢别人插话。

总之，言为心声，从对方对某一话题的关注程度，我们往往可以判断出他是个怎样的人，对什么感兴趣。在谈话中掌握了这些话题背后的深意，无疑会增加谈话信息，并提高谈话质量。

第三章

说好开场白，成功跨出谈话第一步

迅速拉近距离的说话训练

短暂交会的三十秒是最佳时机

> 在最初的三十秒内完全可以聊很多事，甚至还能谈到一些很具体的内容。
> 一句好的开场白，能让你给他人留下难忘的第一印象。

随着生活节奏的加快，我们几乎很难找到那种悠闲地和朋友或是家人坐在咖啡厅、公园或酒吧，享受闲聊的从容时光。

与之相反的是，我们需要的闲聊形式往往是这样的：匆匆遇见时，简单利落地聊个二三十秒，然后又快速说"再见"。如若能灵活运用好这二三十秒，将会让你和某人的初次见面变得非常美好，也会让你们之间发展出长久的友谊和有价值的合作关系。

也许很多人会这样说："什么？只有三十秒吗？""我和陌生人接近时，总是感到有点紧张啊。"你要明白，和陌生人最开始接触的时候，每个人都会有些害羞，毕竟你不清楚对方是怎样的人，这个很正常。

而最初的三十秒，完全可以聊很多事，甚至还能谈到一些很具体的内容。比如，打招呼时，只要说上一句"你好""好久不见"，只需五秒钟的一句开场白，就能帮你给他人留下难忘的第一印象。

剩下的二十五秒，要说什么、怎么说，更要把握到位，这才是重中之重。例如，接下来的对话可以这样继续下去：

"嗨，好久不见！"

"对了，你知道吗，上周末我去看那场话剧了，真的太棒啦！"

"咦？那场话剧还在售票吗？"

"听说要卖到圣诞节那天。据说票房不错，应该是加演吧。"

"这么说，我都想去看看了！好，先这样，回头再聊，拜拜。"

对话到此结束，就时间来说，也只是三十秒的样子。这种短暂交会时，三十秒的闲聊，恰恰符合现代社会的闲聊风格。

为了帮助你更好地抓住这关键的三十秒，开始一场对话，下面是几句最有用的开场白。你可以用于不同场合，能让对话顺利开始并愉快地进行下去。

1."嗨，今天过得怎么样？"

我们总是忽略一些简单的东西，其实它们可以在生活中发挥最大的效果。很多时候，一句真诚的问候，再加上一个温暖的微笑，可以说是最基本、最有用的开场白。也许就这么一句简单的问候，双方很快就会谈论他们的工作或家庭，甚至是喜欢的节目。

2."你的项链真漂亮！"

无论你和谁聊天，只要真诚地赞美对方的着装、配饰，一场对话就会顺其自然地展开，对方通常也会很乐意接受，或许还会对你说一些赞美的话作为回报。

若是想要对话继续下去，还可以问这样的问题："你的项链在哪里买的？我非常喜欢。"

3."这里总是要排这么长的队吗？"

对你和对方共同身处的某个不愉快的场景表示抱怨，或是对你和对方共同经历过的某种令人不舒服的情况进行简单的评价，总能巧妙地拉近你和对方的距离，这可以说是一种有用的开场白策略。

4."你的名字真好听，有什么来历吗？"

在工作、商务会议之类的场合，人们往往戴着姓名胸牌。如果对方的名字很有意思，不妨主动走上去对她说："艾米丽，好可爱的名字，它的来历是什么呢？"对方也许会很激动地告诉你名字背后的故事。于是，一场对话就这么展开了。

5."你听没听说……"

如果你的故事足够有趣、有料、有笑点，那么不妨以此为开场白，相信你再也不会担心对话如何继续，或是继续多久，只要你的听众被你的故事吸引就行。

6."你吃的是什么？"

如果你想要聊天的那个人正在吃一个看上去非常美味的汉堡，或是喝一杯不错的饮料，不妨直接问对方，吃的是什么或是喝的什么。这准没错，毕竟人们对吃吃喝喝的话题总是非常感兴趣的。

如果对方回答你了，谈话可以这样继续下去："我也喜欢这种汉堡。""我也要来一杯这样的饮料。"这时你也可以趁机自我介绍一下，当然，别忘了展现自己迷人的微笑。

像这些用文字写下来的开场白虽然很简单，但实际照着做难免觉得困难，因为你必须马上选择有一定内容的话题。为此，你可以在平时就储存一些对谁都可以使用的话题（最好能在三十秒左右结束），这样就可以在突发的"成为相遇开端的短暂交会"中派上用场。你准备的话题越多，闲聊就能进行得越顺利，你就能很快地展开交际。

寒暄：切入正题前的重要暖场

> 寒暄作为商务交往中常见的社交礼节，看似简单，却也有许多讲究。比如，在不同的场合，寒暄时的用语、方式都应有所不同。

寒暄，是双方初见面时相互问候、致意的应酬语或客套话。恰当地运用寒暄不仅能营造良好的沟通氛围，还能在不经意间化解人际尴尬，打破交往僵局。可是，寒暄并不是随意说上两句话这么简单，若是寒暄不当，也会导致冷场。

三年前，韩女士注册了一家美容院，后来因为一些事情，不得不将其转让给一个朋友。为此，她需要到税务局去办理一下变更手续。

一天上午，韩女士来到税务局的办事大厅，坐在等候区等待。

不多时，邻座的一位女士跟韩女士攀谈起来，问她："您也是来办事的吗？办理什么业务？"

韩女士如实告知。

谁知这位女士听后却说："变更啊！据我所知，来这里办这项业务的人可不多，多数人不是来申请税务登记，就是来买发票的。这里就跟结婚登记处一样，办结婚的人多，办离婚的人少……"

这位女士本是一句无心的话，却让韩女士觉得很尴尬。

其实，韩女士之所以要转让美容院，就是因为她上个月刚办理了离婚手续，这家店是她和前夫两个人共同开的。

没想到一句寒暄话，竟然让韩女士脸上露出了一脸不悦。这位女士大概也意识到自己说错了话，但又觉得很难为情，不知该怎么开口道歉。

韩女士看出她是无心的，只好假装翻看资料，不再看对方。后来，这位女士也以有事为由，离开了座位。

可以说，寒暄时选择合适的方式、合适的语句是非常有必要的，而选择什么样的话题更要给予足够的重视。一般来讲，天气、无伤大雅的笑话、医疗保健、热门新闻等，是最常用的寒暄话题。

寒暄的内容一定要合适。比如，在医院走廊里，一位正要出院的患者和护士刚好碰面。临走时免不了要寒暄几句，但是如果护士说"有空过来呀"，无论是谁听了都会不高兴。如果护士这样说："您要多多保重身体，以后加强锻炼，肯定会越来越健康的。再也不希望在这里见到您了。"病人听了肯定会十分高兴。

另外，寒暄也要选对时机。不是任何时候都适宜寒暄，至少要看对方是否有空闲时间，不要让自己的寒暄打扰到对方。比如，在电梯里遇到同事，按道理说应该寒暄，可是如果此时对方正低头看手机，你大可不必打扰他，有目光的交会、微笑示意就可以了。

当然，寒暄也不见得必须长篇大论，简单的致意和三言两语往往就能起到很好的效果。在寒暄的过程中，还要注意观察对方的表情，看对方是否感兴趣。如果对方很明显不认可你的寒暄或是另有要事，那么就要及时停止。

握手是最直接的亲密接触

> 有一种礼仪，不用说话就能显示出热情、友好的待人之道，若是应用得当，能进一步增加别人对你的信赖感。它，就是彼此见面时最为常见的礼仪——握手。

一个人魅力的展现不仅需要外表的光鲜，更需要内在的涵养。除此之外，还必须通晓一些礼仪之道。握手，就是其中之一。如今，每个人都频繁有客户会见、会议洽谈、参加宴会等活动。在这些社交活动中，恰到好处的握手更能显示自己的风范。

西方人见面打招呼的方式大多是互相拥抱，而在传统的东方文化中，见面打招呼大多是握手。握手可以说是日常生活中最常见、最广泛的交往礼仪。无论是与人见面时的握手还是分别时的握手，两只手一经接触，所有的情感便渗透其中。

一家知名的外资企业计划招聘一位高级人力资源工程师，开出的年薪令许多求职者咋舌不已。该公司人力资源部经过再三努力，最终筛选出两名候选人。

可是，由于这两名候选人的条件不相上下，人力资源部经理一时难以定夺，就向老板做了汇报。老板当即说："周一上班时，请他们两位来，我亲自面试。"

周一，人力资源部经理将候选人的详细材料呈送给了老板。老板没看材料就让人力资源部经理把候选人请进来。人力资源部经理有点不解，提醒老板："您是否先看一下材料……"老板却果断地说："不用了，你去请吧！"

两位候选人先后进来，在与老板握手后，各自简单地聊了几句。令所有人不解的是，此时老板竟然表态了，决定录用第一位候选人。

事后，当人力资源部经理问起老板其中缘由时，老板一脸严肃地说："我是通过握手的感觉做出选择的。当我和第一位候选人握手时，明显感到她的手是温暖的，握手时用力适当，再加上她谈吐自然，第一眼就给人一种自信、亲和的感觉；而第二位候选人和我握手时，可以明显感觉到他的手是冰凉的，而且握手时力度很轻，还微微颤抖了几下，这样的应聘者犹像胆怯有余而开朗不足，难免会让人怀疑他的办事能力。"

人与人相见时，最普通的礼仪就是握手。别看握手这么简单的动作，其中大有学问。因为通过握手，尤其是第一次握手，往往可以给对方留下难忘的第一印象。

那么，究竟什么样的握手礼仪能给别人留下深刻的印象呢？也许很多人会说几乎没有人需要学习如何握手。不过，为了让大家对这个谈话前的动作有十足的把握，这里仍然要提出几项指导原则：

（1）在靠近某人之前，先主动伸出你自己的手（如果你与对方的距离较远，需要迎向对方，在距其约一步远的位置主动伸出右手）。

（2）大大方方地看着对方的眼睛，别因为害羞或是不好意思而不愿直视对方的双眼。要知道，眼神交会往往可以表明你的注意力是完全集中在对方身上的。

（3）千万不要吝啬你的微笑，那一抹轻轻的笑，总能在不经意间传达出你的温暖、率真，传达出你对对方的兴趣。如果确实很难做到，那就试着让自己在心里反复重复这句话："啊，他看起来很棒！"

（4）握手时，掌心对掌心，沉稳有力但不要过紧。

（5）当你握住对方的手时，不妨说一些问候的话，来加强对方对你的印象，例如："真高兴，终于见到你了！"也可以重复对方的名字，例如："你好，史密斯先生。"这不仅仅是恭维，也能帮你记住对方的名字。

（6）在有些场合，女士比男士先伸出手。这样一来，男士就知道，女士是准许你去握她的手的。另外，当主人、长辈或上司主动伸出手时，客人、晚辈或下属才能相迎握手。

（7）还有一种常见的接待来访者的情况：当客人抵达时，如果你是主人，就要主动伸出手来与客人相握。如果你是客人，即将告辞时，应该首先伸出手来与主人相握。若是颠倒了次序，难免让人发生误解，导致当场出丑而难堪。

（8）如果现场人数较多，可以只跟相近的几个人握手，向其他人微微点头示意就行。当然，为了避免发生尴尬，在主动与别人握手之前，不妨想一想自己是否受对方欢迎。若是察觉到对方没有和自己握手的意思，点头致意就行。

（9）此外，还要记住的是，在任何情况下，女性朋友拒绝对方主动要求握手的举动都是无礼的表现。如果情况实在特殊，应该主动向对方解释清楚。例如，在商务环境中，如果你的身体因受桌子的阻碍而不方便起身，此时恰好有第三者到场，你应该立即稍稍起身，然后说："请原谅我不能站起来，很高兴见到你。"

美妙的声音让表达更有吸引力

> 一个人的魅力相当一部分是通过声音散发出来的,动听的声音应当是充满活力的,既能充分传递说话者的情感,又能调动听者的情绪。

很多人对自己的外貌、服饰都非常注重,也很有信心,但是她们常常会忽略对自己声音的修炼。当电话铃响了的时候,对方拿起听筒,说了一声"喂"。也许不用再多说什么,你就能从这一个字中得到许多信息。冷冰冰的声音,或是虚情假意、装腔作势的声音只会让人听了浑身不自在,拒人于千里之外,使那些本想与你聊聊天的人也三缄其口。

《红楼梦》第三回《林黛玉进贾府》里有这样一个场景,当林黛玉第一次听到王熙凤说"我来迟了,不曾迎接远客"时,心里顿时咯噔一下:"这来者系谁,这样放肆无礼?"于是,一个干练泼辣、暗藏心机的女人的形象通过不见其人,先闻其声被勾画得淋漓尽致。

心理学家认为,声音决定了一个人38%的第一印象。当人们看不到你时,你的音质、音调、语速的变化以及表达能力就已经在很大程度上决定了你这个人的可信度。声音可以说是一个人裸露的"灵魂",它自然天成、魅力持久,然而,其中的美与不美,全看你如何把握和驾驭。

瑞丝小姐在一家美资公司从事产品销售工作,平时与客户联络大多是通过电话。许多人彼此之间不是很熟悉，结果有些工作伙伴就称呼她"女士"，可是后来才得知，瑞丝小姐还没结婚呢。瑞丝小姐一度为这件事耿耿于怀。

艾丽也曾遇到过同样的问题，只是情形和瑞丝小姐刚刚相反。她工作好几年了，有时还被认为是女高中生。

其实，问题都出在她们的声音上面。瑞丝的声音较粗一点，又显得不够活泼，所以被别人误认为是年龄较大的女性。而艾丽声音较细、较轻，总是给人不够成熟的印象。

的确，尽管声音是由体内器官发出，却反映着人体的很多状态，比如情绪、年龄、喜好等。遗憾的是，很多人懂得打扮，懂得学习礼仪，却不懂得善用声音。

也许很多人会说，人的声音有一部分是天生的，于是将自己的声音完全归咎于先天的遗传，一副顺其自然的态度。事实上，你说话时的语速、音调、节奏等，都是可以改进的。只要你意识到自己的声音存在问题，就可以通过自我训练来改变。

英国前首相撒切尔夫人在其自传中曾透露自己天生一副细高的嗓子，不仅她自己，就连她的竞选团队都认为，这样的声音缺乏自信和果敢，也缺乏安稳与含蓄的魅力。总之，那不是一位有教养女士理想的声音，更不是一国首相该有的声音。

于是，早在竞选之前，她就请来专业人士辅导，学习如何才能发出理想的声音。即便是在竞选过程中，她都不曾间断对自己声音的训练。每时每刻，只要开口说话，她都会按照专业人士的建议练习。

最终，撒切尔夫人的声音沉稳和缓、含蓄委婉，同时口齿清晰，再配合有节制的面部表情，完全是理性、尊严、雍容的一国首相的形象。

我们不知道撒切尔夫人从开始决定参与竞选，到竞选结束宣告胜利，究竟花费了多长时间训练自己的声音。但是，她用一个事实告诉我们，声音是可以改变的，任何人都可以做到。

对于你的声音，如果你认为它还需改进的话，不妨试着从以下几个方面着手：

（1）和唱歌一样，说话也具有某种内在的韵律。换句话说，你必须掌握自己说话的节奏，做到清晰、有节奏、有条理。这样一来，你的声音不仅能够恰当地表达你的想法，还能让听者对你产生浓厚的兴趣。

（2）无论什么时候，你都要尽力使你的声音显得亲和、温暖。即使在你拒绝别人时，也要让你的声音充满温暖的感觉，而不是成为刺伤他人的利剑。

（3）保持柔和、自然的声音。你应当充分了解自己声音的特色，这样你才能尽己所能地取长补短，让原本的声音散发出特有的魅力。若是尝试与你天生的音质完全不相符的讲话方式，反而会让别人产生不舒服的感受。

如果一个人的外表端庄，说话的声音又很有磁性，就等于在交际上长了两只翅膀。所以，良好的声音形象是每一个人在日常生活交际中一张绝好的名片。

用灵活的称呼收服人心

> 在人际交往中，称呼是沟通人际关系的信号和桥梁，也是表情达意的重要手段。掌握称呼的学问，是每个人在人际关系中应付自如的前提。

在日常生活中，称呼是一种友好的问候，是人与人交往的开始。无论是结识新朋友，还是遇到老朋友，一见面肯定少不了称呼对方。这既是对对方的尊重，也是一个人知书达礼的体现。一声亲切而得体的称呼，不仅能体现一个人待人谦恭有礼的内涵，还易于交融双方的情感，为深层交往打下一个良好的基础。

当然，如何称呼别人，也是一件非常有讲究的事。称呼用得好，可以使对方感到亲切并给对方留下一个良好的印象。当然也能使自己在人际交往中如鱼得水、事半功倍。可是，如果称呼不得体，往往会引起对方的不快甚至恼怒，让彼此都很尴尬。

一个年轻人在外地做生意，眼看天色已晚，就想找家客栈先住下来。可是，他对那个地方一点也不熟悉，不知道自己离客栈还有多远。

这时，一位老汉刚好从他身边经过，年轻人大声喊道："喂，老头儿，离客栈还有多远？"

老汉只是回了一句："五里。"

年轻人听后，欣喜若狂，心急火燎地就往前赶路。

不知不觉，年轻人一口气竟跑了十几里路，可是眼前却荒无人烟，连客栈的影子都没看见。这时，年轻人突然想起老汉跟他说的那句话，心里顿时觉得不对劲，猜想一定是老头儿故意捉弄自己，便想着是否要回去跟他理论一番。

年轻人一边想，嘴里一边嘀咕："五里，五里，什么五里？"念着念着，他突然醒悟了。原来，老头儿说的是"无礼"，而非"五里"。

想到这里，年轻人赶紧掉头往回赶，没走多远，竟与老头儿相遇了。

看到老汉，年轻人连忙客客气气地走到他跟前，亲切地叫了一声"老伯"。还没等他开口说话，老头儿便说道："年轻人，客栈离这里还很远，如果你不嫌弃，就到我家暂住一宿吧！"

如何称呼他人是一门极为重要的艺术，如果称呼得不恰当，往往会闹出笑话，造成误会，使对方不高兴甚至觉得反感。而恰当的称呼则会让对方产生相容心理，让双方的感情更加融洽，交流也会更加顺畅。

日常沟通中，我们在使用称呼时要特别注意以下几个方面：

（1）在正式场合，当我们需要称呼对方时，应注重其身份、职务和职称。

（2）在涉外活动中，要按照国际通行的惯例称呼对方：对成年男子称先生，对已婚女子称夫人或太太，对年长但不明婚姻状况的女人或职业女性称女士。

（3）不要随意给别人起绰号，也不要使用庸俗的称呼，这些称呼不仅难登大雅之堂，还会给对方留下没有教养的印象。

（4）称呼时，避讳不吉利的或者恶言谩骂的词语。

主动打招呼，尴尬去无踪

> 问候就像魔杖，能使人际关系产生戏剧性的转变。就算是合不来的对象，也可以试着主动接近对方，并与其交谈。

人际交往中，当我们和某些人相处时，免不了会觉得不自在，却又常常碰面，这让许多人感到头疼不已。比如，下楼丢垃圾的早晨，有些人总害怕在固定的时间遇见某个邻居；上下班路上，在车站等车的时候，经常与某人相遇，即便是短短的几分钟都觉得浑身不自在；工作午休时，会刻意错开与某位同事的出门时间；等等。

奇妙的是，这种令人不舒服的感受即便不说出来，也会传染给对方。"难不成，那个人也很讨厌我？不想接近我？"很多时候，一旦你这么想，对方也会有同样的疑问。如此一来，双方都会担心："糟糕，会不会又遇上他呢？"于是，很多人经常是远远地看到不想看见的人出现了，便赶紧借机避开，这样的小动作多了，不但折腾人，也让人觉得不自在。

那么，又该如何化解这种尴尬呢？事实上，如果某人让你觉得头疼，不如试着主动接近对方，并与其交谈。下面这个故事就证明了主动打招呼的效果。

有一位大叔，叫藤井，在国外生活的时候，他曾向二房东租过公寓。这个二房东是一个女孩，平时大都留宿在男友家，把房间租出去，就是想赚一些零用钱。

巧的是，和酒店相比，这位大叔更喜欢住公寓，而且看过房子后，他也非常满意。于是，两个人就签了一份租房协议，当然，这只是一份大叔和女孩的私人协议。因此，这位大叔每次进出小区的大门时，在入口站岗的管理员总会恶狠狠地瞪他一眼，觉得他的行迹实在可疑。

其实，每当大叔进出小区的大门时，只要看到对方的那种眼神，心里也会不自在。后来，大叔便主动向管理员解释："我是借住在朋友家。"即便如此，管理员也不为所动。到最后，大叔进出公寓竟成了一种压力，经常是躲着管理员，偷偷摸摸地出入。

后来，大叔越想越觉得不对劲：这虽然只是一件小事，但毕竟天天都要进出，双方之间的误解万一惹出更大的纠纷那就麻烦了。既然没办法指望对方做出改变，那就由自己主动敞开心胸，亲近对方吧。

在一个炎热的日子，大叔去超市买饮料。回来的时候，他灵机一动，对公寓入口的管理员笑了笑，说道："你好，我看今天特别热，就买了几瓶饮料，来，你也喝一瓶降降温吧！"管理员听了，开心得不得了，频频道谢。自那以后，每天早上大叔和管理员都能从容地互道"早安"。

仔细想一想，不过是打个招呼，彼此的世界就有了很大的变化。有时候，问候就像魔杖，能使人际关系产生戏剧性的转变。就算是合不来的对象，主动和对方打招呼，心情也会变得更加美好。

主动打招呼，传递的信息是，我眼里有你。谁不喜欢自己被别人尊重和注意呢？要知道，没有人会拒绝想要亲近自己的人。你眼里有别人，别人才会心中有你。尤其是在职场，如果你持续一个月主动和别人打招呼，你的人气很可能会迅速上升。接下来的每一天，都会因此变得很不一样。

谈对方感兴趣的话题，才能越聊越投机

> 如果你想让别人喜欢你，或是让他人对你产生兴趣，就应该谈论别人感兴趣的话题。要知道，人是感性的，需要认同的感觉。

有人曾在一群人中做过这样一个实验：请实验者在一分钟内和自己邻座的人保持热烈的交谈，话题自由选择，只要让谈话热烈就行。结果发现，如果聊天对象都是男性，或者都是女性，往往聊得比较起劲。或许是因为，同性之间更容易找到彼此都感兴趣的话题。

然而，恰恰是一男一女的组合，因为很难找到共同话题，谈话总是磕磕绊绊，甚至出现尴尬的冷场。例如，某男与某女搭档，某男热衷于体育运动，而某女却是个十足的体育盲，当某男兴奋地聊到刚刚结束的奥运会游泳比赛时，对游泳不怎么感兴趣的某女无论听到什么，都是一脸茫然的表情。

与之相对照的是，当某女对本年度夏季服装流行趋势说得头头是道时，无论是俏皮的、可爱的，还是成熟的、性感的，某男都听得云里雾里的，很难搭上几句话。不难想象，这样的谈话若想继续下去，是何等不易。

看来，如果聊天不是以自己喜欢的事物为话题，几乎很难继续下去。

有这么一个故事，说的是一个女孩救了一只猫，然后这只猫就把每天抓到的老鼠拖到门口送给女孩，结果这些死老鼠都被女孩嫌弃地扔掉了。

很多人对别人讲的话，就像这些死老鼠一样遭对方嫌弃。换句话说，如果

一个人总是不停地讲对方根本不感兴趣的话题，从一开始就已经对对方的喜好判断失误，或者说，压根就没有进行筛选和判断，那么尴尬或者遭到对方嫌弃是必然的结局。

因此，我们要切记，聊天的秘诀需要以对方为主。如果不是自己感兴趣的事，就得从对方关心的事里找出话题，否则聊天就很难成立。所谓知己知彼，百战不殆。提前做好功课了解一个人的喜好，对沟通的成功起着极大的促进作用。

那么，应该怎么做呢？这也并非什么难事。虽说谈话的对象不同，聊到的话题也不可预知，但是如果你刚好与不熟悉的人处在一个不熟悉的场合中，那么就先当个听众吧。然后，试着从对方的话题中找出能够加以生发、扩散的点，再试着回应，这样一来，所有的话题想跟上也不是没有可能。

一位曾在耶鲁大学任教的教授在他的散文集中写道："我八岁那年，有一次去姑妈家做客。中午，来了一位中年女性，她和姑妈打过招呼后，就把注意力转向了我。那时我对宇航员很感兴趣，而那位客人似乎也对这个话题感兴趣，于是，当天我们俩像志同道合的朋友一样，聊了很多关于星球的话题。

"当这位女客人走后，我好奇地向姑妈询问这位女客人是做什么的，她为什么对宇航员也这么感兴趣。姑妈却说那位女客人其实是位牙医，她从未说起过自己对太空的事情感兴趣。我又追问：'但是她为什么一直和我说宇航员的事呢？'

"姑妈说：'那是因为她是很有素养的女士啊，所以才和你谈你感兴趣的事物。这也是为什么她如此受人尊敬的原因啊！'"

的确，了解人们内心的最佳办法，就是与其讨论他知道得最多、最感兴趣的事物。在一次谈话中，如果你不知道对方的兴趣，就不能使对方高兴，也就不可能和对方有进一步接近的机会。

例如，如果一位喜欢篮球的男性对你说："我从小学起就一直在打篮球，最喜欢NBA里的凯里·欧文。"

你不要只是一脸茫然地保持沉默，完全可以这样回应："哦，他的投篮是不是很棒？我最喜欢看NBA扣篮大赛了，简直太精彩啦！"

或是这样回应："是哦，这些篮球明星个个都天赋过人，他们似乎都很难对付啊！"

你的回应无论是什么都可以，听对方说话时突然想到什么，直接回应就可以。如果你的回应使得对方想说点什么，或是想跟你分享一下他的心情，那么你们接下来的谈话就能聊得更多、更广。总而言之，如果你想让别人喜欢你，或是让他人对你产生兴趣，就应该遵守这项规则：谈论别人感兴趣的话题。

不知虚实，就从称赞对方开始吧

> 如果突然间要开口，但又不知道该说什么好的时候，那就先称赞对方吧。称赞可是闲聊的基本内容。

仔细观察那些特别善于跟陌生人打交道的人，我们往往会发现他们的处事方式很有意思：男人们总是从一场球赛、一部手机、一辆车开始拉近彼此之间的距离；女人们总是从时装、化妆品、孩子的教育开始，逐渐成为好友。

很多时候，你并不总是能从一些私人事情开始联络情感，但是每个人的身边都会有一些公共的情感要素。善于发现这条说话规则的人，才是真正的说话高手。

有这样一个有趣的现象：与一位陌生女性初次见面，在不知虚实的情况下，老公、孩子是不会轻易谈论的，就算谈论，也不会太深入，但是衣服就不一样了。如果你能恰到好处地夸赞她身上的服装，如："这身衣服真漂亮！""这衣服很适合你。"那么对方多半会迅速地对你展露出真诚的笑容，接下来的谈话也会融洽很多。

原因很简单，女人的衣服就是她的第二张脸蛋，最能体现女人的修养和气质。用衣服作为聊天的切入点，简直就是百聊百顺。闲聊无非是让气氛变得更轻松，拉近彼此之间的距离。如果要进一步接近对方，称赞就是一条捷径。只要你称赞的内容不离谱、不夸张，对方就会欣然接受，甚至会想：嗯，眼前这个人应该觉得我不错吧。

说到演艺行业，因为说话的场合多，所以口才好的人很多，秦先生就是这样一个人。

他担任某谈话节目的主持人，其表现受到公众的一致好评，而且在私底下秦先生也很擅长闲聊。更进一步说，他特别擅长称赞别人。

在录制节目前，他总是跟身边的化妆师说："你今天穿的衣服真是好看啊！""这副新眼镜真的很配你，简直太帅了！"然后，化妆师就会一脸愉悦，进而放松地回应他："啊，是这样吗？我今天尝试了一下比平常更明亮一点的颜色。"

也就十几秒的互动，以对彼此的好感为根基的人际关系就这样毫不勉强地搭建起来。尤其是熟人见面的场合，第一句话就可以这么说："哎，你说我这裙子，怎么样？""咦，今天怎么穿这么漂亮呢？"毕竟女性总是颇为在意她的"外在包装"，希望自己的穿着能够吸引别人的眼球，赢得更多的赞美。

当你与女同事相处时，也不妨善意地表达一下对其服饰的关注和赞赏。接下来，想必一定会抛出很多相关话题，就算是不太熟络的人也不愁没有什么可聊的。要知道但凡女性都很在意自己的服饰是否能得到别人的关注，关注度愈高，愈能显示一个女人的吸引力。

那么，如果对方穿得实在是很丑，我们也要昧着良心称赞漂亮吗？有句话是这样说的："但凡女人穿戴出来的衣服、饰品，无不是她精挑细选出来的。"所以，对于女人的衣着品位，千万不能随随便便就评头论足一番，你的一个否定，很可能就是把人家之前所有的工作全盘否定了。

记住这句话吧：适当的恭维是人际关系的润滑剂。只要是人就都希望被爱、被接纳、被关注，谁都不喜欢被否定。如果你不能肯定一个人，至少不要否定他。你若否定他，在他的心里，你就永远不受欢迎。称不称赞和良心实在没有多大关系，却会严重影响到你的人际关系。

所以，赞美一个人时，除了可以赞美他的容貌、气质、性格、才艺，还可以直截了当地从穿着这个话题入手，比如说："你的这件新上衣很不错，你穿正合身！""你的这个领带很时尚，很配你的西服。"以穿着为引子，可能就会打开一个人的话匣子，这就如同用一把钥匙瞬间打开了一个人原本紧闭的心门。从这一刻起，他自然会把你视为知己。

所以，如果下次，当你面对一个冷若冰霜的人，疑惑自己该怎么接近他时，不妨跟他谈谈穿着吧。也许面对你的赞美，他脸上的表情暂时没有太大的变化，但请相信，他的心可能渐渐地打开了。

第四章

话说三分,点到为止的话语才更有分量

说话也是一种艺术

话说得太满，问题就来了

> 话不说得太满，既是给他人留余地，也是给自己留空间。如此双赢的事情，何乐而不为？

俗话说："逢人只说三分话，留下七分自己赏。"就是说，不要把话说得太满，免得破坏了自己的形象，还影响了与其他人的关系。可是，总有一些人说话不考虑后果，喜欢把一些话说得很绝对。例如，"我以后绝对不会怎样，就算怎样也不怎样"之类的话，似乎这样就能彰显自己的个性。

娜娜就是这样，当初快中考的时候虽然知道凭自己的实力想考上重点高中简直就是天方夜谭，但她就是不愿承认。当她拿着现在就读学校的宣传单时，一脸不屑地说："我宁愿不上学了，去学点技术，也不去这个学校！"

可是，中考成绩出来以后，当所有人都在考虑选哪所高中的时候，娜娜却发现自己不得不去自己一直瞧不上的学校。因为除了这所学校之外，她没有其他选择。

其实，很多时候，我们会突然发现自己曾经那么坚定地说过的话，最终还是被现实给改变了。当我们说出"我才不会……"或者"我永远也不会……"这样的话时，其实就已经把自己置于一个很危险的境地。毕竟凡事总有意外，无论是做承诺，还是其他表达，都不宜把话说得太满。

话不说得太满，也是给自己留有余地，因为你也不知道以后会发生什么，事情如何发展是我们无法预知的。所以，无论在什么情况下，都不要轻易用把话说满。

与人相处的时候，不要口出恶言，说出"势不两立""老死不相往来"之类的话。不管谁对谁错，最好是闭口不言，这样既保留了一些面子，又为彼此留下了一些空间，说不定日后还有合作的可能。

评价别人的时候，也不要太早地做出判断，避免说出"这个人一辈子就那样，没有出息"之类的话。人这一辈子要走的路很长，谁都不能保证别人将来会是什么样的。可以说，说话就是一门艺术，话说好了万事好，话说坏了毁前程。

为此，说话前一定要考虑清楚，想好了再说，否则，只会让别人误以为你是个有口无脑、缺心少肺之人。如果对方不是那种可以尽言的人，你就只说三分话。另外在没有搞清对方的立场前最好不要高谈阔论，因为这很容易招灾惹祸，特别是当你说的事涉及对方，而你又不是对方的诤友时，虽然忠言逆耳，也会显出你的冒昧。

言有尽而意无穷，有情尽在不言中，告诉别人你话中有话，这就是话说三分、点到为止的艺术。总的来说，说话前务必要看清楚对方是什么样的人，哪些话该说，哪些话不该说，都要事先斟酌清楚。

委婉含蓄胜过唠叨

> 一个聪明的说话者一定懂得，说话讲究的是曲径通幽的含蓄美，说话委婉、渐进推行，这样才能更轻松地达到目标。

人际交往中，一些人认为话要直说，直接表明自己的想法，亮出自己的底牌，不啰唆，沟通效果才会立竿见影。其实，直言直语就是一把伤人伤己的双面利刃。

你要知道，在每个人的心里都有一个堡垒，真实的自我就藏在里面。你的直言直语往往会把别人的堡垒给攻破，把对方从里面揪出来。而且在人际交往中，人们总有一些不便说、不忍说，或者是由于语言环境的限制而不能直说的话。因此，说话时要尽量委婉含蓄一点，能不说就不要说，要说就拐个弯，点到为止。

某女经常跟同事大倒苦水，说老公从不干家务、不看孩子，甚至还埋怨老公工作上不思进取，经常惹她生气。如果同事一时气盛，跟着该女子痛快地骂了那个男人一通，那么，诉苦的女子很可能非但不领情，还记恨同事一阵子。

这又是为什么呢？因为某女说的只是气话，在她的心里，那个男人还是自己的丈夫，谁听见别人骂自己的家人心里能好过？

如果同事真心替她考虑，就应该劝劝她维持好一个和谐的家庭，而不是彼此埋怨对方，让夫妻关系变得更糟糕。

著名的成功学导师戴尔·卡耐基曾指出：间接指出别人的错误要比直接说出口来得温和，且不会引起别人的强烈反感。委婉含蓄的语言既是劝说他人的法宝，又能照顾人们的自尊感，容易产生情感上的共鸣。换言之，委婉含蓄的语言就是一个人成熟、稳重的表现。

相比直接明白的表述，委婉含蓄的暗示往往更有回旋余地，更加耐人寻味。说话委婉含蓄的人，善于用曲折婉转的暗示，让听者明白自己的本意。

生活中，很多人都有过这样一种体会：当你有求于他人时，如果一见面便提出比较高的要求，往往极易遭到拒绝；倘若你先提出比较低的要求，等他人同意之后再伺机提高要求，一般会更容易达到目标，这就是委婉含蓄的沟通效果。

再比如，如果有人办起事情来犹豫不决，那么你不妨委婉地对他说："你这样前怕狼后怕虎的，跟你平时不一样呀！"或者说："你是个很有决断力的人。"谈话时，先给对方戴上他应该具备的优点的高帽子，并予以鼓励。由于已经给对方一个良好的"形象定位"，所以他会为此努力奋斗，并且改变目前的做法。相反，若是跟对方直言"你这个人真笨，什么事情都办不好"，那无异于一锤子把对方给打死了，对方也就丧失了勇气和信心。

很多时候，虽然直言不讳、开门见山的谈话简单明了，但是很容易伤害对方的自尊心，而说话委婉含蓄之人，不仅可以把自己的意思很好地表达出来，让对方清楚地理解，还能使对方愉快地接受。

因此，在人际交往中，要想取得良好的沟通效果，不妨委婉含蓄地表达。同样一句话，直白地说和委婉地说，结果会大不同。相比口无遮拦、直截了当，委婉含蓄更能体现一个人的语言修养。

运用小技巧，让说服有声有色

> 说服别人、赢得别人认同的能力并不是神秘的天赋，只要观点正确，通过学习一些技能，增强自己话语的说服力并不是什么难事。

很多时候，我们常常会有这样的疑问：为什么别人用寥寥数语就能使人信服，而自己却没办法做到？现实生活中，急于把自己脑子里的东西灌输给对方，是很多人习惯采用的方式，结果一方口若悬河，另一方却不为所动。事实上，这些沟通中95%以上都是无效的。

其实，说服别人的过程是一种微妙的心理互动，灵活运用其中的技巧，不仅可以让你的说服有声有色，还能让听者在良好的情绪下愉快地接受你的观点。下面就是劝说他人的几个小技巧，对你的事业、生活可能会有所帮助。

（1）要想说服对方，给其留下一个好印象是前提。根据美国心理协会的说法，当我们对某个人的印象较好时，会更倾向于采纳他的建议。同样的道理，我们给别人留下一个好印象，也更容易说服他人。为此，你可以学习培养一些招人喜欢的小习惯。

（2）真诚。在善意说服别人时，不妨用这样的话开头，效果可能会更好，比如："我曾经也犯过这样的错误。""可能你也不明白什么地方出了错。"其实，真诚往往最能打动人心。

（3）谦逊。没有谁喜欢四处炫耀的人，但是虚伪的谦虚更讨人厌。对于自己的成就感到骄傲是好的，但是应该把那些炫耀念头打消掉。

（4）学会用肢体语言表达自己。试想一下，如果商场导购表现得悠闲懒散，或是害怕与陌生人有眼神接触的话，你会选择买他销售的东西吗？当然不会！同样，如果你想要变得更有说服力，就要利用肢体语言来配合并表达自己。

（5）专业。知识是有说服力的。无论你是推销还是演讲，一定要确保你知道自己谈论的一切。搜寻到的信息，要比你用到的多，这一点很重要。

（6）责任感。无论你多有说服力，也一定会有异议出现。如果你有责任感，并且尊重别人的反对意见的话，那样会显得你更真诚。

（7）聆听并理解别人。每个人都需要被人理解。用心聆听和理解别人所关心的问题是非常重要的。为此，请你不要忽略任何事——即便你认为这很愚蠢。记住，那才是别人真正关心的事。

（8）不要提出过分的要求。为了说服别人，你不能表现得太强势。强势的态度很可能会被视为命令，双方的情绪会很难达成平衡。

巧妙地表达不同意见

> 每一个想要表达不同意见的人，都希望能得到肯定，但是如果你不懂得沟通的技巧，往往不会得到你预期的结果。

生活中，人与人相处时，不可避免地会出现一些不同的意见和观点，这是很正常的事情。但是，如果我们表达观点时的方法不当，往往会令说话双方陷入尴尬的境地。可见，恰当地表达出自己的不同意见，既是一门艺术，更是一种必备的说话能力。

微软的创办人比尔·盖茨有一次在会议上大发雷霆，与会的高层主管看到老板发脾气，都不敢说话。

然而，一位华裔的女工程师却站起来说："我很清楚为什么您会有这么强烈的反应，在这件事情上，我以前也有过类似的感受。我现在发现，这件事情的经过是这样的……"

女工程师说完以后，比尔·盖茨的态度缓和了下来，先是沉默了几秒钟，然后跟众人说："既然如此，我们就照着她的建议去做吧。"众人看着这位华裔女工程师，眼中流露出了佩服之意。

我们可以预见，这位女工程师在微软的发展前景一定很不错，因为在不同的意见面前，她能够通过恰当合适的表达方式，引导别人从说"NO"改为说"YES"。

事实上，如何提出不同的意见是大有讲究的，这里介绍几种较为可行的方法：

1. 和对方用商量的口吻说话

很多时候，在你坚持自己意见的同时，也要顾及别人的面子，这时就需要学会换位思考，用商量的语气取代命令或是过于绝对的语气。对方听了，就算不愿意否定自己的看法，也会认真考虑你的想法。毕竟只有你尊重别人，别人才会尊重你。

2. 用辩证的方式与对方进行交谈

与对方说话时，先肯定对方的想法，再说出自己的想法，当然，也要表述清楚自己想法的依据或理由。这样一来，即使对方想要否定你，也会比较容易接受，而不至于让谈话气氛变得紧张，使对方难堪。

3. 表现出为难的样子，也是一种退让

如果你与对方的意见分歧比较大，在你说出自己的想法之前，不妨表现得犹豫、迟疑，给对方一个心理准备，也许对方就会让你说出自己的想法。很多时候，表现出勉为其难的样子，也是一种退让。

4. 借对方的观点引出自己的观点

从对方的观点中逐步推测出可能出现的状况，从而引出自己的看法。当然，前提是要尽可能多地找出对方观点的不足，并且一定要实事求是，不能随便捏造。

5. 借助同类事情支撑自己的观点

如果你觉得直接说出自己不同的观点比较为难的话，可以借助一些发生过的类似的事情来说明自己的观点，也就是用事实来说话。

直来直去不如绕绕圈子

> 说话若是能有意绕开中心话题,即"绕一个圈子",往往能减少很多矛盾和冲突,达到理想的效果。

在日常交往中,同样一句话,有人说得让人心服口服,有人却说得让人怒气冲冲,这就是说话的艺术。固然说话直言不讳的人,可以给人真诚、坦率的感觉,但是很多时候,这种说话效果其实并不理想,轻者伤了人际关系的和谐,让你的诚意大打折扣,重者导致信息失真,甚至曲解原意,这实在有违交谈的初衷。

若是能有意绕开中心话题,即"绕一个圈子",往往能减少很多矛盾和冲突,达到理想的效果。

著名作家二月河的"落霞三部曲"火了之后,他便宣布暂时歇笔,谢绝一切采访。某报社的一位记者联系上二月河后,刚跟对方提出采访的请求,就被二月河礼貌地拒绝了。

尽管记者吃了闭门羹,但是他没有放弃。后来,这位记者了解到,二月河正患有严重的糖尿病,在生活中,他对自己的女儿也是疼爱有加。

当记者弄清楚这些情况以后,再一次拨通了二月河的电话:"您好!我是××报社的记者,很久以来一直想登门拜访,又怕给您带来不便,现在终于可以放心地给您打这个电话了。"

二月河听了,困惑地问这位记者:"哦,那现在有什么不同吗?"

记者慢条斯理地说："上个月，您的女儿告诉我，您现在身体恢复得不错，很希望重新回到以前的创作状态中，这让我们这些读者特别欣慰，也特别期待。最重要的是，您的女儿还特意叮嘱我，这个时间段可以给您打电话，她说您刚锻炼回来，正在品茶小憩。听得出来，您现在的心情一定很不错。我想请您出来坐坐，向您讨教几招健身秘诀。您可否指点一下呢？"

这一次，二月河终于答应了这位记者的采访。

相比初次采访时记者的直言遭拒，这一次，他无疑是做足了功课。待他了解了对方的喜好之后，再和对方聊一聊他最为关注的话题，谈话方式轻松愉快，自然也就冲淡了对方的防备心理。

说话也是一样，在人际沟通的过程中，我们免不了会碰到各种"刺儿"，越是这种时候，越不能"直肠子"，而应该想办法拐着弯儿、绕着圈儿、变着法儿地说，既让人心知肚明又避免直言犯忌。法国作家勒农曾说："你不要焦急！我们所走的路是一条盘旋曲折的山路，要拐许多弯，兜许多圈子。我们时常觉得好似背向着目标，其实，我们总是越来越接近目标。"

绕圈子其实就是一种迂回的谈话技巧，当直言的"正面进攻"不能奏效时，不妨退一步，拐个弯，然后慢慢缩小这个圈子。一旦对方的话匣子被打开了，何愁绕不到圈子的中心，达不到自己的目的呢？反之，若是一味地硬碰钉子的话，只会让"刺"卡在自己的喉咙里，吃亏的终究是你自己。

当然，绕弯子并不是让人放弃，也不是甘愿后退，更不是圆滑世故，而是为了更快地接近目标，让生活中的事情变得更加温润、自然。

沉默没问题，但必须看时机

> 在恰当的时候沉默也可以成为有效的沟通工具。

对某些人来说，在某些状况下，沉默是金，但是有些沉默反而会让人陷入尴尬。例如，当台上的人演讲完，请台下的听众提问时，台下却一片沉默。对演讲者来说，最窘迫的事情莫过于该如何理解这种沉默。"是不是大家觉得演讲无聊？""是不是大家完全不赞同我的观点？""大家对我的演讲十分满意吗？"在沟通这件事上，缺乏清楚的反馈，沉默就会显得模棱两可，演讲人只能凭借猜测揣摩听众的心思，而且猜错的概率往往很大。

有时候，虽然闭上嘴巴不说话是一种明智的做法，但是有时候也可能成为一种排挤的行为。你的沉默会在彼此之间筑起一道墙，而这道墙就是沟通的障碍。

当然，在恰当的时候沉默也可以成为有效的沟通工具。

在某城市的早高峰，一对中年夫妻怎么也绕不出地铁，听口音像外地人。排在中年夫妻后面的一位小伙子一看，原来他们买的是临时卡，需要把卡插进出口的机器里面才能出去。

善良的小伙子帮这对夫妻完成了这一系列操作，但是当两个人发现车票卡没有出来时，竟然和他吵了起来，因为这样他们就不能换乘了。

事实上，这对夫妻想要换乘的话，必须先刷卡出站，再重新购票，但是由于他们不知道这套程序，所以显得非常生气。两个人责怪起刚才帮助他们的这位小伙子，说他多管闲事，非拉着他的胳膊不让走。

情急之下，那位小伙子直接从包里拿出四枚硬币放在那个男人的手里，然后叫来工作人员，简单说明了情况，就头也不回地走了。

假如遇到这种事情的人是你，也许会觉得自己很委屈，试图证明自己是对的。但是，你可想过，就在你为自己大声辩解、剑拔弩张的时候，大家反而会觉得你是在无理取闹。更何况，每个人天生都有同情弱者的心理，所以说，故事中的小伙子对这件事情的处理方式才是更理智、更可取的。

在某些情况下，语言的确很无力，任何解释都会显得很苍白，而沉默才是最有力量的。这个社会，并不会因为你声音大，就让你更受重视，而是更多地取决于你所处的位置和贡献的价值。

Andy所在的公司最近出了一些事情，设计部的文案专员胜美离职了。其实，胜美在创意方面很有天赋，性格大大咧咧，她的快乐总能感染身边的每一个人。为此，Andy一直很欣赏她，也很喜欢她。

胜美在职时，与她直属上司的关系处得不是很好。有时候，跟Andy吃一顿午饭，能抱怨一个小时。到后来，胜美对上司的不满情绪已经严重影响到她的工作，为此，她曾经两次找人事部希望能够调换部门，Andy也不止一次地暗示情绪管理能力是她的弱点。

后来，胜美还是离职了。在她走后的一个月，因为有部分工作还需要亲自回公司交接，胜美又来公司了。她一进门，就让人感觉来者不善，说话更是极具攻击性。

胜美走后，之前一起工作的同事就开始说："大家虽然不能一起工作了，但私底下还可以当朋友呀，没必要闹得跟仇人似的。"

说实话，Andy也领教过胜美的直属上司，她的做事风格确实过于较真，总是咄咄逼人。有一次，Andy和她一起汇报工作时，对方把某些本不属于Andy

的工作推给了她。当时 Andy 真的想反驳她，但最后还是选择了沉默。当她们两个人意见不统一时，Andy 绝不会让胜美的上司。但是出了门，Andy 依然会对她微笑。

胜美感叹地对 Andy 说："这就是你比我聪明的地方。"

学会沉默有时比学会说话更重要，尤其是在面对各种误解时。即使你吵赢了，但输了风度不说，也疏远了关系。所以，适当的时候，学会闭嘴，少发表意见，可能会更好一些。毕竟每个人的成长环境不同，思维方式也不一样，你是不能控制别人的想法的。与其这样，不如学会沉默。当然，沉默，并不是让你忍气吞声，而是回归自己的内心，用更理智成熟的方式来解决难题。

取悦他人也要讲方法

> 在交谈中，由衷地欣赏对方所讲的话、所做的事，并且培养这种技巧，你会发现，你将成为每次聚会中最受欢迎的人。

无论是在商业场合还是在社交场合，讲一些表示欣赏的话，总能引起别人的注意，并被对方记住。美国心理学之父威廉·詹姆斯曾说："人性中最深切的心理动机，是被人赏识的渴望。"每个人都有双重的需要：被人欣赏的需要，懂得怎样欣赏别人的需要。不管是伟大还是平庸的人都会被真诚的欣赏所感动。

表达欣赏，其实就是培养一个习惯，即留意他人值得欣赏之处。或许你和对方共事时，就已经知道对方一些值得赞赏的地方，比如，对方的方案写得很细致或者对方的销售业绩越来越好，只是你从未想过要告诉他们。

人们都渴望得到别人的欣赏，同样，每个人也应该学会欣赏别人。无论是在公司还是在家里，让别人知道你对他们的欣赏，可以让交谈的氛围及影响力成倍地增长。更何况，赞美别人并不费太多时间，平均只要六秒钟。所以，不要不好意思表达你的欣赏。

如果对方是你认识多年的朋友，你可以这样表达你的欣赏："前不久，我开车经过你家，发现你家的花园整理得真漂亮。"或者："我真佩服你，每个月都能抽时间带孩子出去旅游一次。"如果你与对方不是很熟的话，就需要认真听他们说话，然后从谈话中寻找或制造机会，表示你对他们的欣赏。

一开始，也许你会觉得这种赞美很虚的，很可能是因为你没有赞美别人的习惯。不过，如果你经常赞赏别人，而且你自己也认为赞赏别人已经成为你的一种习惯，很快，你就会自然而然地赞赏对方。

那么，又有哪些令人印象深刻的赞赏值得一学呢？

（1）如果你一直不停地赞美对方，很可能让对方觉得既腻味又矫情。所以，你的赞赏一定要简短。

（2）取悦他人的艺术就在于真心欢喜。所以，当你认真听对方说话时，一定要真心诚意地挖掘出让对方引以为豪的事，这种真诚的态度会通过你的言辞而发光发亮，并且带来巨大的效果。

（3）要用肯定而非否定的语句，"我真不敢相信你做到了"的效果就不如"你做的事真令人印象深刻"。

（4）任何时候，传递别人所说的赞美之词，能够令听者的印象更为深刻。例如："黛拉跟我说，她在你那里买了一件毛呢大衣，她说她从没见过那么精致的大衣。"

（5）在工作场合，如果你希望人们能尽力为你做事，那么当他们已经尽力做到最好时，千万不要吝啬你的赞赏，说些"很不错""做得很好"等鼓励的话。

（6）赞赏别人时，尽量多使用"佩服""欣赏""令人难忘""好极了""出色""有影响力""满意"这样的褒义词。

（7）如果你找不到对方值得赞美的事情时，不妨给他们的未来增添点信心和希望。例如："我们正在期待，将来你可以干得很出色。"或者："我看得出来，你一定能成为我们需要的人。"

第五章

打入圈子，跟谁都能聊得来

从陌生到熟悉就这么简单

用心听了，陌生感就没了

> 生活教会我们的，除了诉说，还有倾听。很多时候，主动、持续地倾听，并加以总结，就会给对方传递这样的信息——"我非常尊重你""你的看法十分重要"。

俗话说："一对灵敏的耳朵胜过十张能说会道的嘴巴。"能说会道固然重要，然而想要有能言善辩的口才，就不能忽视耳朵的作用。每个人在聊天时都想聊关于自己的话题，这是人类的天性。但是一个优秀的朋友，即使听到对方废话连篇，仍然会专注地倾听。

事实上，不是所有人都是那种特别会说话的人，也不是所有人都像演说家那样，能够轻松调动他人的情绪。但是，有这样一句话，我们需要时刻记住：在这个世界上，从来不缺夸夸其谈的人，缺的是好的倾听者。

我们有理由相信，当一群人急于聊自己的时候，那个认真倾听、适时说话的人，一定是大家最想交的朋友，因为这个人令人感觉到被尊重、被关心，这样的人是真诚的、可靠的。

你要知道，语言是人与人最直接的交流方式，而倾听则是接收、了解、理解外部信息的全过程，只有善于倾听的人，才能完善自己的语言能力，练就出色的口才。很多时候，一个会说话的人不但要有好的口才，而且在对方谈论的话题无聊至极的时候，仍能做到专注倾听，这样的人才是最能让别人感受到诚意和温暖的人。

许多人总觉得自己很难融入环境，不知道该怎么办。其实，对于这些为说话而苦恼的人来说，他们普遍存在的一个问题就是，急于融入环境，却根本没有放松下来，做一个好的倾听者。别忘了，90%的信息是靠耳朵获取来的，沟通就是倾听对方没有说出来的话，这样对方才会感觉到你是一个值得信赖并可以真诚交流的人。

不过倾听也是有技巧的，下面就列举几个倾听的技巧。

（1）把注意力完全放在对方身上，明白对方说了什么、没说什么，尽可能地消除外在与内在的干扰。

（2）善于倾听的人不会因为想补充一些细枝末节，或想修正对方说的话中一些无关紧要的部分，就随便打断对方说的话。

（3）真正会倾听的人善于从对方的言语中觉察出某些信息，包括对方的兴趣、情绪以及日常习惯，透过这些关键字眼，可以发现对方喜欢的话题，进而聊到对方的心坎里。

（4）用自己的话，简要地重述对方刚刚所讲的话，当然，前提是诉说对方说话的重点，这样势必会让对方觉得自己很重要，让对话不至于中断。

（5）用心倾听对方说话，可以帮你整理出其中的重点，删除无关紧要的细节，把注意力集中在对方想说的重点和要表达的想法上，并在心中熟记这些重点和想法。

（6）每个人都有自己对某件事情的看法、结论和感受，虽然你和对方的观点可能不一致，但是你仍然要懂得尊重对方的观点，这样才能做到彼此接纳，从而建立融洽的关系。

总之，很多时候，事情成败的决定性因素并不在于你的口才是否优秀，而在于你能否巧妙、合理地与人沟通。在这些方法中，一个最核心的技巧便是主动倾听、善于倾听。唯有这样，在对方眼中，你才是一个值得信赖并可以真诚交流的人。

保持好奇心，话题源源不断

> 每个人身上都有不一样的故事，如果我们能够把探寻每个人背后的那些精彩故事作为聊天的目标，那么我们自然就会有聊不完的话题。

世界上没有任何两片雪花是一模一样的，而且每片雪花，也就出现一次。仔细想想，人不也是一样吗？世界上不可能有两个长得一模一样的人，就算再相像的双胞胎，也一定有不一样的地方。如果我们与人相处时，能时时充满好奇心，认为这个人是世上独一无二、无可取代的，就算没有说出口，这种意识也会自然而然流露在你的言行举止中，让对方感受得到。

有一次，Ashley和高中同学聊起了心理学，因为喜欢，并且学习了好些年，所以Ashley说起这个话题可以说是激情澎湃。

等到换她的同学介绍金融业务时，Ashley又立马好奇地追问他各种知识。这时，一直在旁边观察的另一个同学突然笑了，说："刚才你还是一副自信博学的样子，转眼竟然像个无知的小孩。"

Ashley倒是很坦诚："是啊，在金融方面，我真是一窍不通。因为不知道，所以才很好奇呀！"

那位同学看Ashley好奇的样子，也热情地跟她讲了许多。那天的见面，双方都觉得收获很大，也都有一股从内心深处冒出来的满足感。

还有一次，Ashley 从外地旅游回来，兴致勃勃地跟一位好友聊起她的所见所闻："你知道那里有多美吗？"

这位好友因为几个月前刚刚去过，忙不迭地点头说："知道！知道！"然后自顾自地说了一大通。讲完才看到 Ashley 的表情从之前的兴致勃勃变得悻悻不悦，后来才惊觉原来 Ashley 是很想跟她分享旅途见闻，却被她的一句"早已知道"生生地泼了一大盆冷水。

对比这两次交谈，不难联想我们平时和别人聊天时的状态，那么，为什么我们承认自己不知道会很难呢？蔡康永在他的书里曾这样写道："每个人在聊天的时候都想聊自己，这是人类的天性。"看来，每个人拼命地表现"我能""我知道""我可以"，其实是为了突显自己。

不过为了能更好地聊天，不妨收敛一点，让别人的天性多释放一些，给人家机会聊聊自己。这就好比打开了沟通的闸门，聊天越聊越有趣，对方也会感觉自己受重视，对你这个人的印象会更加深刻。

或许你会说，只表现自己的好奇，对别人的行为或是话语没有一丝的评判，这又怎么做得到呢？其实，当你承认自己的无知，自然就会把注意力集中在我们渴望的知识或者答案上。那时，你的眼睛会渴望地看着对方，身体会不由自主地倾向对方，就好像在他那里我们可以得到宝藏一样。

和一个人聊天，如果你总能对对方总是保持这样一份好奇，你自然会变得妙语连珠，话题源源不断。这样不仅对方收获了他想要知道的，你也在这种沟通中得到了被认同感，想要和这个人有更多的接触。

事实上，很多时候，专注地听别人讲话，对别人感兴趣的话题表示好奇和关注，学会说"不知道"是很有必要的。知道就是知道，但并不过分强调；不知道就是不知道，也不过分掩饰。当一个人承认自己的无知，才能获得更多的智慧。这样的沟通才是质量最好的沟通。

不要先从反对意见说起

> 否定别人时，就算你是和颜悦色的，对对方来说也是"温柔一刀"。最和谐的交流模式，莫过于在互相尊重的前提下，以稳妥的语言各抒己见。

在交流过程中，当轮到自己表达观点时，不少女性总喜欢先否定别人的观点，而后再谈自己的观点。这种沟通在不知不觉中会使交流产生障碍，即便谈话进行下去，也很难使交谈氛围融洽。

让我们假设一下，如果对方说："昨天，我看了一部颇受争议的电影，没想到很有趣呢。"

正好你也看过这部电影，但是你觉得实在没什么意思。

如果你只在意自己的喜好，你的回答很可能是这样的："噢，那部电影啊，简直太无聊了，要我说，就是一部彻头彻尾的烂片。"或者说："是吗？我没办法接受电影所表达的那种观点。"

那么，对话到此也就差不多该结束了。

其实，大可不必去攻击别人的观点，这样只会让别人感到不舒服。在你否定别人时，就算你是和颜悦色的，对对方来说也是"温柔一刀"。更何况，对方的观点也未必就是错误的。正所谓"横看成岭侧成峰，远近高低各不同"，站的角度不同，对事物的见解自然也不尽相同。

沟通中难免会有对立的观点，你要做的应该是先从对方的观点中找出你认同的地方并加以肯定，然后再委婉地提出你的看法。

还是以上面那件事为例，你完全可以这样回应：

"是啊，虽然剧情没什么起伏，但主演却很有味道。"

"演技如何，我也说不好，但是我觉得画面实在是太棒了！"

那么，接下来的话题就可以这样继续展开了：

"是的，我也觉得那个主演确实演得很好。"

"太享受那种画面带来的超强的视觉冲击力了，大银幕就是不一样。"

闲聊时不要一开始就否定对方，即使对话题不感兴趣甚至是讨厌，也要把"肯定回应""表示同意"作为前提。事实上，聊一些对方喜欢的话题，对方自然会心情愉快地想再多聊些相关话题。最和谐的交流模式，莫过于在互相尊重的前提下，以稳妥的语言各抒己见，这样才能达到交流的最高境界。

再比如，如果你是一位数码产品的推销员，当客户跟你说"我要再考虑考虑"时，你会如何回答呢？

如果你这样回答："这么好的产品还需要考虑吗？别犹豫了，快点用吧！"很显然，你这是在表达自己的否定意见，这样的措辞难免会给人生硬的感觉，让对方产生抵触心理。也许你原本想营造一个良好的沟通氛围，结果反而是在搞破坏。

如果你这样回答："没错，考虑的确很有必要，毕竟凡事三思而行，那么，可不可以问一下，你还需要考虑哪些问题呢？"这种谈话方式本身就是在认同对方，这无疑是增加闲聊话题、打造良好人际关系的一个重要技巧。

因此，下次闲聊时，当你发现彼此兴趣不同、喜好不同时，就先把自己的好恶放一边吧！其实，交流完全可以是两条语言的平行线，各抒己见就可以了。不过要时刻记得用柔和语、恭敬语来待人，这样人际关系才会变得优雅而美妙。

不善言辞没关系，会提问就行

> 不多谈自己的事，而是以提问的方式引出对方的回答，如此一来，两个人自然能聊得起劲。

看过美剧的人都知道，法庭上的唇枪舌剑可以说是最精彩、最激烈的沟通。在唇枪舌剑中，最核心的就是提问。然而，现实生活中，提问却是所有沟通技能中最容易被忽视的一项。

例如，当我们和别人聊到买车的话题时，如果对方说："我家买了一辆新车哦！"你会怎么回应呢？如果你说："我家上个月也买车了。"那么，两个人很可能会陷入无话可说的尴尬局面。闲聊时，如果一方一味地站在自己的角度，谈论自己的事，聊天自然难以为继。

相反，不多谈自己的事，而是以提问的方式问一些"谁""什么时候""在哪里""为什么"之类的问题，和你聊天的对象自然会非常兴奋、激动。如此一来，两个人便能聊得起劲。

继续以买车这个话题为例，理想的回应应该是这样的："你家的车是什么牌子的啊？"

多提问题，会提问题，总能轻松引出对方的回答，谈话气氛才会更热烈。很多时候，流畅的表达可能只考虑了自己，而巧妙的提问必然要考虑对方。毕竟只要提到自己喜欢的事物，人们大多会想多聊几句，而你也不必因缺少有趣、合适的话题而闷闷不乐。但是，一定要注意避免查户口式的盘问。

很多人认为，能说会道才是最重要的。事实上，沟通至少是两个人的行为，而提问恰好契合了沟通的这个特质：一问一答，有来有往。在沟通中，按重要性排序，应该如下：提问 > 倾听 > 表达。

比如，你想向对方推荐一款专门播放幽默视频的App，不妨先这样问："你经常用什么App？"假如你没有提问，就直接说："我给你推荐一款看搞笑视频的App吧，非常不错。"然后，就一味地向对方推荐。此时，对方心里很可能会想"快停下来吧，我一点都不喜欢看幽默视频"。看看，你说得再动听，对方也不会买你的账。

事实上，提问才是沟通中最重要的技能。问对方的想法，然后倾听对方的想法，再来解释说明问题，这才是沟通的正确打开方式。不会提问，不会倾听，只要对方的表达欲望没有得到满足，就算你再能说会道，沟通效果也不会很好。

有位妈妈平时经常要出差，但是只要在家，她每天晚上就都会给女儿讲睡前故事，哄女儿睡觉。可是，有一天晚上，女儿怎么也睡不着，眨着大眼睛问道："妈妈，你明天为什么又要出差？"

妈妈回答："妈妈要去参加培训，就像你要上幼儿园一样。"

女儿继续问："那你一共要去几天？"

妈妈回答："三天，周日晚上妈妈就回来了。"

女儿突然哽咽起来："妈妈，我不想你去，我会想你的。"

然后，女儿抱着妈妈就是一阵大哭，妈妈手忙脚乱地安慰她，好久才让女儿的情绪平复下来。

如果这位母亲不直接回答，而是用提问的方式，沟通的效果是否会更好一些呢？

"宝贝，你想一想，妈妈以前出差都是因为什么呢？"

"开会。"女儿柔柔地说。

"妈妈告诉你，这次不是开会，那是什么呢？"

"培训。"女儿低声说。

"是的，妈妈是去学习新知识，等妈妈努力学好后，就可以帮你做更多事情了。"

"那你能给我讲更多有趣的故事吗？"女儿问道。

"是的，当然可以。"

"好啊好啊！"女儿的情绪有所缓和。

"那我们一言为定，妈妈记住了，你记住了吗？你再说一遍妈妈答应你什么了？"

……

在后面这段对话中，妈妈及时给予女儿肯定和鼓励，让她体验互动中回答的乐趣。女儿的感受最后被妈妈转化为积极的情感，这也让她带着满足感而不是失落感甜甜地入睡。

所以聊天时，针对对方的话，可以丢出问题，至于丢出什么问题，不妨找找你们之间的共同点。比如：都爱看电影，就聊聊电影；都爱旅游，就聊聊风土人情；都爱玩游戏，那就聊聊游戏。实在没有共同点就尝试聊聊对方的兴趣爱好，然后，再等对方回答。虽然不是以自己为主的谈话，但是聊天仍然会变得顺畅、热烈。

就算话题没深度，谈话也要有热度

> 你不必假装有深度，只要懂得欣赏别人的深度。聆听者越诚恳、越细心，说话者就越愿意敞开心扉交谈。

很多人听别人讲话，常常听了不到十分钟，视线就会不由自主地飘向别处，根本没办法专心听对方说话。还有一些人更过分，听别人说话时，十分敷衍，常常是一边玩手机一边假装在听对方讲话。

倾听时不够耐心、不够专注，是谈话过程中经常会出现的问题。这些人又总会给自己找各种各样的理由："始终保持谈话的热度多难啊！""我到哪儿找那么有深度的话题啊！"

实际上，在现实生活中，很多人会有这样一些疑问：第一次接触，该如何发起话题？如何保持谈话的热度？如何让沟通延续下去？

如果你不想一直用这么没诚意的方法听别人讲话，那就不妨用"为什么""怎么会"来进行提问。事实上，这类提问是最能激发对方继续说下去的问句。同时，也可以及时给予简短的回应，如"嗯""啊""然后呢"，或是重复对方谈话中的某些关键词，鼓励对方继续说下去。

在许多类型的谈话中，你的回应目的就在于让对话继续，对方说什么，你就说什么，然后再加个问题，把"球"抛回对方手上。就算话题再怎么高深，这些回应都能派上用场。

下面就是几个常见的对话情景：

情景一：
"他的设计根本就是抄袭的，竟然还能得奖？"
"是吗？为什么会这样呢？"

情景二：
"你知道人事绩效考评的过程有多麻烦吗？"
"真的？怎么会这样？"

情景三：
"听说演员×××被封杀了，好可惜啊！"
"这到底是演的哪一出？怎么会这样？"

我们常说，沟通的目的就是保持对对方的持续关注，让对方感受到你在聆听，并且让对方愿意说下去。与他人对话的过程中，你要有意识地等他人说完，明显感到他在期待你的回应时再表达。

其实，高质量的听和回应，就是表达关注的一种积极反馈。这种积极反馈会带来愉悦感，表达的人也会更愿意继续说下去。只要你的反应是一种鼓励，不管对方多有地位、多有深度，都会深受鼓舞，继续往下说。你只需要记住：自始至终把话语权交给对方并保持耐心倾听，而不是表达自己。

所以，如果你对对方的话题实在不感兴趣，但是为了让谈话流畅地继续下去，那就试试这些回应方式。它们既可以帮助你填补尴尬的沉默时刻，又能给予对方足够的时间，继续原有话题，或者开启一个新话题。说不准当对方的话匣子打开，能说会道的程度会让你咋舌。

了解实时资讯，变身话题达人

> 社会生活包罗万象，总会有你想关注的事和想关心的人。聊天的时候，不妨聊一些最近的热门新闻。

如今，教人"聊天说话"的畅销书不在少数，只是读完之后，不会聊天的依然不会聊天，不会说话的依然不会说话。一些接话套路偶尔用用可以，但是如果让人发现了规律，只会觉得你是在敷衍，反而弄巧成拙。

然而，时事话题或最近热门的社会事件，不仅是多数人都知道的话题，还能让闲聊气氛变得更加热烈。最关键的是，对于身处职场的人而言，如果想跟办公室里那些前辈，或是兴趣爱好跟你差十万八千里的同事愉快地相处，时事便是一个极好的谈资。

很多人都有过这种体验：当我们和别人偶然遇到时，大多时候会聊到"你的服饰（或发型）……""今天的天气……""你最近胖了（或瘦了）"等话题。但是，如果相处的时间超过五分钟，一般这种寒暄的话题就撑不住了。此时，最好赶紧搬出热点新闻。比如："这雨什么时候才能停啊，南方受灾区早已是一片汪洋了。""听说，社保缴费基数又上调了，咱们的待遇水平是不是也会跟着提高啊？"……

从某种意义上说，时事话题不仅是万能的，还是实用性很高的谈资。和男同事相处，可以谈谈数码产品和汽车；和女同事相处，就聊聊明星八卦和本地消费，这些是大家都能参与的话题。不过，若是政治话题，就要避免有争议的内容，因为那很容易引发激烈的争论。

娱乐新闻更是办公室社交中最安全、最有趣的谈资。讨论自己的私事别人不一定爱听，议论共同认识的人那是大忌，讲讲大家都知道的明星则是最合适不过的了。

"民以食为天"，跟吃吃喝喝有关的新闻，对很多人来说才是生活的头条。你所居住的城市有哪些特色的餐厅、酒吧，好吃好玩便宜的东西，或多或少都应该知道一些。

对本地消费资讯的熟练掌握，会让你成为公司的吃喝玩乐达人。当大家想要享受一下生活，或是有招待亲友的需要，都会第一时间想到你，找你帮忙推荐一些好吃好玩的地方，而这也有助于提升你在办公室的人气。

因此，如果你想要聊天却发现自己没有什么话题可聊，那么平时就要善用碎片时间积累一些谈资。想变成一个讲话有料的人，就请先从丰富自己的谈资开始。这样一来，你在人群中才能得到更多回应的声音。

闲聊时要躲避对方内心的"死穴"

> 我们总是把注意力集中在怎样交流才是有水平的，却忽视了最重要、最根本的其实是要避免使对方不快的语言和行为。

很多人都会遇到过这样的情况：很想参与大家的聊天，却不受待见，或者一说话就惹得对方不开心。这是为什么呢？很有可能是因为他们触碰了谈话的雷区。

阿朱与某大学同学好久没见，有一次，两个人竟然在人头攒动的机场相遇了。

一番热烈的交谈之后，缺心眼的阿朱竟然想都不想就问对方："哎，你先生还好吧？"

同学的表情瞬间由晴转阴，之后，轻描淡写地回了一句："分了。"

事实上，当时这位老同学正在闹离婚。

不管这位同学的内心是否足够强大，这总归是件残忍的事。而且，不懂聊天技巧的阿朱很可能会莫名其妙地从此变成老同学眼中的讨厌鬼。无论她接下来如何好言好语，老同学难免会在心理猜测："看她那眼神，一定是在可怜我。""说话阴阳怪气，不是嘲讽是什么？""她会不会把这件事传得沸沸扬扬？赶快给我消失！"

一直以来，我们总是把注意力集中在怎样交流才是有水平的，却忽视了最重要、最根本的其实是要避免使对方不快的语言和行为。

　　然而，一言既出，驷马难追。虽然说者无心，但是并不能保证听者是否会心有芥蒂。化解这样的芥蒂难免要费一番工夫，这又何苦呢？

　　当然，多嘴的阿朱也可能是无辜的，但谁叫她傻乎乎地越入不该触碰的谈话雷区呢？为什么就不能聊聊当下流行的服饰，或是刚游玩过的一个旅游景区呢？

　　跟不那么熟悉的人交谈，应该避开一些雷区。首先，就是对方不便跟陌生人说的事，比如月薪多少、结婚没有、孩子的成绩等话题。还有就是谈起来很容易引起争执的话题，比如宗教、政治、哲学等。

　　遗憾的是，很多人往往不了解这些谈话雷区，动不动就喜欢对别人的生活刨根问底：为什么还不结婚？怎么还不生孩子？年薪多少？房子买在哪里？他们以为这样是跟人家套近乎，其实这正是他们聊天失败的原因。

　　固然好友之间谈话，谈得深才更有意义。但是这事急不得，交情到了，自然会深入地谈。如果在交谈中不可避免地涉及这些话题，千万不要直接问，而是应该采用旁敲侧击的方法，委婉地提问。

第六章

化解尴尬，掌握不冷场的谈话技巧

如何用语言技巧化解棘手局面

就算忘记对方名字，也能自我救场

> 跟某人打招呼的时候，重新介绍一下自己。说自己名字的时候，要说得慢一点、清晰一点。

很多人都有过这种体验：面对一个不是特别熟的人，能认出对方的脸，想起对方的职业，但就是想不起对方的名字。那个时候大脑就像是被清空了一样。有时候，即便是曾经一起交谈了很久的人，也会记不起他的名字。

忘记别人的名字或许是很多人常常遇到的尴尬，你很可能刚刚问过别人的名字，但转眼就忘记了。虽然大多数人都会原谅你，不过，你可能还是会觉得面子上挂不住，常常觉得不好意思，生怕对方以为自己看不起人。为此，想要说点什么来补救。

不要怕，有时，你可以不用直接说出对方的名字，巧妙地避免丢脸，比如说："噢，是你啊！""真巧，我们又见面啦！""嗨，你看起来不错哦！""我们都多久没有见面了，你还好吗？"

不过，如果你要想参与很多社交活动或是会议，还是应该记住对方的名字。首先，当我们听到一个名字的时候，一定要多重复几遍，重复得越多，印象也就越深刻。与此同时，务必要专注地看着对方的脸，强化记忆。很多时候，我们忘记对方的名字，往往是因为我们的注意力不够集中，或是当我们第一次听到这个名字时走神了。

接下来，试图把你听到的名字和原有记忆中的一些东西联系起来。比如，眼前这位新认识的朋友看起来有点像著名的电视节目主持人×××。为了避免遗忘，最好尽快将对方的名字和一些与他们有关的关键词写在记事本里。

最后，向对方索要名片，回家之后，尽快在名片上写下贴切形容这个人的话。你的表述可能有些诡异，不用介意，因为这只有你一个人知道。

当然，最尴尬的状况莫过于那些你真正应当记住的名字却被你忘记了。你认识对方可能已经很久，而且对他们的名字就像对自己的名字一样熟悉，但是在见到那个人的时候你却怎么也想不起来。

这种情况下，如果实在是没办法掩饰你的健忘，你可以这么说：

"你有没有遇到过脑袋里突然一片空白的情况？"

"你知道，我对你的名字就像对自己的名字一样熟！不知道是不是我太紧张了？"

"真是不可思议！我脑子一下子卡壳了。"

"我今天一直都迷迷糊糊。"

"今天这种状况你一定也发生过吧。"

"我知道你的名字，但是话到嘴边就是讲不出来。"

"我当然知道你是谁，但你要提醒我一下，你姓什么？"

与此同时，你要想到别人也可能忘记了你的名字，这时可不要恼火。当你跟某人打招呼的时候，不妨重新介绍一下自己。说自己名字的时候，也要说得慢一点、清晰一点。

讲了愚蠢的话，就要言责自负

> 蠢话就像一把利剑，刺入人心，伤害了彼此之间的感情。

人与人能够沟通，建立亲密的关系，很大程度上依赖于言语。然而，我们又往往不够理智，很容易依着自己的性子说话，伤人而不自觉。比如，有些人生气愤怒时，习惯性说些言不由衷的让人难过的话，还有些人会口不择言地说一些自以为是的话。这些话不仅会拒绝别人的好意，还会将自己与他人的距离拉开。

言语的力量是巨大的，而蠢话更像是人生路上的巨大地雷。如果说谣言能把假的说成真的，那么蠢话也能像一把利剑，刺入人心，伤害了彼此之间的感情。

或许很多人都有过这样的经历：当你抱怨小区里的某位邻居时，却发现他的家人刚好从你身边经过；工作餐时间，你以为老板外出办事了，就跟同事聊起自己升职无望的苦衷，此时老板却神不知鬼不觉地出现在你面前；在有CEO参与的谈话场合中，你以瞧不起的口吻提起"精英"这个词；你非常讨厌别人当众抽烟，因此一说到这种人，你就忍不住大声责骂，但完全没注意到这群人中竟然有一个"老烟枪"……

看到这里，你是不是浑身冒冷汗："天啊，我竟然说了这么多的蠢话！"可以说，我们说的每一句话代表的都是自己。而一个人说话的方式，往往决定了他是聪明人还是笨蛋。正如一位名人所说："愚蠢的人用嘴讲话，聪明的人用脑说话，智慧的人用心说话。"

事实上，即使你道歉，人们还是不会忘记你的失态。所以，为了避免一开口就让他人对你的印象打折扣，最好的办法就是做到事先预防，保持沉默，直到你能控制自己，不会把脑袋里的想法通通说出来为止。

但是，说过的话犹如泼出去的水，若话已说出口，该怎么办呢？那就真诚地跟对方道歉吧！切记：你的一言一行一定要让别人相信你已知道了自己的愚蠢，而且非常后悔，此时你可以这样说：

"我实在是太愚蠢了。"

"我简直太傻了，我不知道自己到底在想什么。"

"请原谅，我真的是太粗心了。"

"我很抱歉，那么说实在是不为他人着想。"

"你能原谅我说出这么不考虑别人感受的话吗？"

"我早该知道自己这么说很不恰当，深感歉意。"

很多时候，一句无心的话，就会破坏原本和谐的氛围。此时，最简单的反应就是想想恋人的眼泪、亲人的叹息、朋友的背影、同事的疏离，然后为你所说的话道歉。不过，未经大脑思考的话还是要避免说出口为妙。

不幸被卷入争执，如何理智应对

> 作为旁观者，你的建议对整件事的发展起着至关重要的作用。所以，请理智地对当事人负责。

生活中，我们到处都可以见到争论的场面，奇妙的是，当事人几乎很少能达成一致观点，常常是你说你的道理，我讲我的逻辑，争得不可开交。如果你碰巧赶上，又与当事人相识，劝他们化解矛盾自然理所应当。但是你的言辞一定要慎之又慎，因为若是"救火"不当，反倒会火上浇油。

也许你会说争端不是由你引起的，你并不是那种大声讲话或惊惶失态的人，但是既然问题来了，总要有人坚守自己的立场。无论争执是怎么开始的，也无论双方因为什么而争吵，总之，在公共场合争吵，对彼此的声誉都会造成不良影响。

中国有句古话："观棋不语真君子。"讲的是，在观看一盘棋局时，不能指手画脚，扰乱别人的思绪。不只下棋有这样的规矩，其他很多事情也是如此。

假如在一场争执中，当事人需要你这个旁观者给出客观的建议，你应该清楚，作为旁观者，你能做的事、可以说的话都是有限的。如果你足够理性，意识到自己正陷于一场争论之中，那么就应该赶快抽身。毕竟你无法改变一个人的想法，而且参与事情的人不是你。所以，想要善意提醒，就请充分尊重当事人思考的权利。

有这样一个短视频，搞笑之余，不免让人有几分悲伤。

一对恋人吵架了，但是他们仍然深爱着对方。冷战第三天，两个人都撑不住了，都想去找对方认错，但是两个人的好友都劝他们不要去，并给出了同样的解释：如果对方爱你，再等等他就会来找你了。

于是，这对恋人就真的等了起来，尽管内心强烈期盼着对方来找自己。很多年过去了，这样的场景一次次重复，直到他们老去，曾经相爱的两个人还是错过了。

在别人的感情问题面前，我们都不是当事人，不用承担事情的后果，但是作为旁观者，你的建议对整件事的发展起着至关重要的作用。所以，请理智地对当事人负责。

但是，在你决定退出争执之前，仍然要给足对方面子，你这么做的时候，当事人也会觉得好过一些，因此，你可以这么说：

"也许我们可以找个时间再继续讨论。"

"在这件事上，我们已经谈了很多，现在让我帮你们倒杯咖啡，好吗？"

"稍后我们再继续吧，我要先去吃点儿东西。"

"我们已经梳理了一些事，这很好，但是很抱歉，现在我得走开一下。"

当你这么说的时候，或许会发现并没有打消当事人争个输赢的念头，可能这些人天生就喜欢争辩。既然人家这么喜欢抬杠，那就不要干涉别人的事情了。

越是敏感的问题，越需要冷静沉着

> 对于那些总是喜欢询问别人隐私的人，你可以这样回答他："对不起，无可奉告。"对于那些总是喜欢主动暴露自己隐私的人，你可以这样回答他："我并不感兴趣。"

生活中总有一些人特别喜欢询问别人的隐私，打听别人的家底。想必很多人都被别人打探过隐私，例如："你一个月赚多少钱？""你还是单身吗？""你为什么离婚？""你买保险了吗？""你的父母是做什么的？""你这个伤疤是怎么来的？""好久都没看见你的太太了，你们俩发生什么事了吗？"

每个人都有隐私，没有人愿意将自己的隐私在众人面前曝光。所以，对于那些喜欢询问别人隐私的人，你大可这样回答："对不起，无可奉告。"对于那些主动暴露自己隐私的人，你若不喜欢的话，也可以回答一句："我并不感兴趣。"

热衷于打探他人隐私的人，总是令人讨厌的。这种随意探问他人隐私的人不仅会因为他的浅薄俗气、缺乏涵养而不受欢迎，还极有可能因此惹祸上身。但是，在特殊情况下，如果迫于形势，不得不提及自己的隐私，但是又想回避这个问题，你不妨按照以下的方法做。

1. 直接把话题还给对方

当别人有意要探问你的隐私时，你可以反问对方：

"你问这个做什么?"

"你为什么这么问?"

"你为什么想知道?"

"你需要知道这个吗?"

如果对方说"没什么,只是因为好奇",你可以这样回答:"真的?"然后就直接换个话题。很多时候,礼貌是知道何时该假装什么事情都没有发生过。

2. 面对对方的追问,直接转移话题

当对方问到你一个月赚多少钱时,你可以说:"既然你提到薪水了,我也很想知道,你说我们的个人所得税是不是又调整了呀?"

当对方对你"消失"了很久的太太很感兴趣时,你不妨直接说点别的:"我太太?这倒让我想起来,我终于见到我们CEO的太太了。"

3. 直接正面拒绝回答

比如,你可以这样回答:

"你怎么会问我这个?"

"你问的这个问题真的很难回答。"

"噢,很抱歉,我从不谈这个。"

"现在我不太想聊这个话题。"

"我答应别人绝不说出来。"

"这个问题我也不清楚。"

4. 假装没听到,然后敷衍过去

你可以随便说点别的什么事,或者讲些空洞的话,把对方的追问敷衍过去。例如:

"我觉得你不知道如何把马铃薯里的虫子挑出来。"

"嘿!我中了十元足球彩票。"

"你知道那部电影已经上映了吗?"

"明天××广场有消夏活动,听说有很多演艺界人士前来助阵呢。"

既然大家都不喜欢别人探寻自己的隐私,那么,我们在与别人交谈时,也应避免探问对方的隐私，这本身就是人际交往成功的第一步。因此，在你打算向对方提出某个问题的时候，最好想清楚这个问题是否会涉及对方的个人隐私。如果涉及，就要尽可能地回避，这样对方不仅会乐于接受你，还会因为与你轻松的交谈而对你产生好印象。

聊得很不爽，那就换个频道

> 会说话、懂说话，不做冷场王，不是要你圆滑世故、见风使舵，而是让你以一种诚恳、设身处地、换位思考的方式待人。

会说话是一种能力，而且是一种重要的能力。然而，很多人有可能永远也无法变得能言善辩，反而是一出场便自带"冰冻"装置，与人交谈不到三秒便"冷"到不可收拾。

有一位女士，她就是一个冷场王。

起初，同事觉得可能是因为她的性格太直率，后来相处的时间久了，发现她并不是直率，而是不懂得与人沟通。

办公室里的年轻同事在空闲时，往往喜欢聊一些娱乐八卦、最新上映的电影。当大家正聊得正开心时，这位女同事便会冷冷地说一句："你们说的那些，跟你们有关系吗？"

同事们顿时被泼了一身冷水，兴致全无。但也有翻脸的同事，一脸不悦地回她："没关系啊，就是想聊，你管得着吗？"此言一出，无疑只会让这位女士的"敌人"越来越多。

这位女士不喜欢听别人聊八卦，自己却特别爱表现。比如，家里发生了芝麻绿豆大的事她都会拿来当重大新闻，包括老公给自己买了什么东西，孩子吃饭等。她经常夸老公有多么爱她，夸孩子多么聪明。起初，大家也跟着附和两句，时间久了，大家都装作听不到，无人出声。

其实，有谁愿意听一个人家里鸡毛蒜皮的事呢？这种对别人谈资没兴趣，也不能理解与尊重别人，而自己却在一个小圈圈的话题里打转的人，自然也是冷场"专业户"。

不可否认，生活工作中，我们都喜欢那种能在任何场合谈笑风生、不冷场的人，这并不是歧视不懂说话之道的人，而是一种极为正常的现象。

要想不变成一个不受人欢迎的"冷场王"，那就要记住：多增加知识，多去理解别人，多丰盈自己的内心，如果真的感觉自己在表达上有不足之处，那就多微笑、少说话，这也是一种有修养的表现。

遇到话痨，设法解救自己

> 宁愿不说话也不要尽说废话，这是一种聊天素质。有时候，聆听其实就是在说话。

《大话西游》里面的唐僧总是让人觉得很烦，就是因为他是一个话痨。他的那句经典台词："你想要啊？你想要的话你就说嘛，你不说我怎么知道你想要呢？你想要的话我会给你的，你想要我怎么可能不给你呢？不可能你想要我不给你，你不想要我却偏给你……"不知折磨了多少人。

同样的意思反反复复地说，简直让人无法插嘴。碰到这样的聊天对象，想必人人都会像至尊宝一样想打人吧。

小A在熟人圈中就是一个小话痨。初识他的人往往会觉得他沉稳，可是熟悉后才知道，他的诉说欲简直能让人抓狂。

去同学寝室玩，同学自顾自地玩游戏、看书，气氛降至冰点，在这样的情况下，他也能开始自己的脱口秀，自娱自乐。

也许很多人都有过这种遭遇，不幸成了婆婆妈妈、叽叽歪歪的"唐僧"的俘虏。眼前的这位"唐僧"面带笑容，双手挥舞，不停地从这件事说到下一件事，或许就在你分神的一会儿，他就讲到另外一件事了。

然而，最让你忍无可忍的是，如果你的视线稍微从他的身上移开一会儿，他就会叫你的名字，把你的注意力重新拉回来，接着说："嗨，我知道你一定喜欢接下来这一段。"如果你想要打断他的话，他就会立马转变话题："好好，那我们先不聊这个，再跟你说啊，那个……"

这种说起来没完没了的人简直太爱聊天了，他们的嘴巴就像是停不下来的机器，不是在吃东西就是在说话，大有《大话西游》里唐僧的潜质。

你知道没有人会来解救你，因为他们都不想步你的后尘，因此，这时你得学会自救。虽说在你的内心里已经演练了数遍"能少说一句吗""你怎么一天到晚这么多话"之类的台词，但即便在这样窘迫的情况下，你仍然需要做一些既解救自己又能给对方台阶下的事。例如，你可以这样打断对方：

"天啊，对不起，我得马上去吃药了，我竟然忘记了。"

"我忘了给钟点工留电话了，抱歉，我得先给他打个电话。"

"我竟然占用了你这么长的时间，我的火车就要出发了，再会！"

"不好意思，我的手机一直在响，我得赶快回个电话。"

的确，遇到话痨，无论是默默忍受对方的喋喋不休，还是突然来一句"说够了没"让他闭上嘴，都不妥当。你要知道，这种人要么意识不到自己所言有何不妥，要么天生喜欢成为众人的焦点，于是喋喋不休地说个没完。为了不让彼此之间的关系变僵，千万不要恶言相向，不妨和对方说一些善意提醒的话，或是放开了心随他说，这样对双方都不会造成困扰。

但是如果你意识到自己就是话痨，那该怎么办呢？最好的办法就是给自己一些心理暗示，有意识地控制自己说话的时机和语气，想好了再说。请记住：宁愿不说话也不要尽说废话，这是一种聊天素质。有时候，聆听其实就是在说话。

面对窘境，懂得自嘲是智慧的体现

> 自嘲是幽默的最高境界，是一种深沉的智慧。在处于尴尬境地的时候，能够坦荡荡地自嘲，不仅是一种风度，也是一种修养。

生活不会一帆风顺，总是充斥着各种各样的突发状况。当你在不知不觉中处于极度尴尬的情况下，该怎么办呢？不妨用自嘲的方式，来把自己从困窘的场面中解救出来吧！

朱莉是一名著名的女演员，20世纪20年代到80年代一直活跃在银幕上，但是她在晚年的时候日渐发福。因此，每次当好友邀请她去海滨浴场游泳，她总是找各种理由推辞掉。

在某著名品牌的开业活动上，一位娱乐记者偏偏针对这个问题向朱莉提问："朱莉女士，您是不是因为自己太胖，怕出丑才不敢去海滨浴场游泳的？"

朱莉想了一下，爽快地回答道："你说得很对，我是因为自己胖才不去海滨浴场的，因为我担心飞行员在天上看见我时，以为又发现了一个岛屿。"

在场的人听后，发出了一阵善意的笑声，并不由得鼓起掌来。

一场小小的尴尬，很快便消失得无影无踪。

当记者问起昔日光鲜亮丽的女演员关于"胖"的问题时，聪明的女演员并没有回避而是进行了巧妙的夸张:"因为我担心飞行员在天上看见我时,以为又发现了一个岛屿。"这样的回答形象生动而富有幽默感,还避免了谈及自己是否"怕出丑"这样一个尖锐的话题。

这位女演员用诙谐的语言自嘲了一把,既没有被记者牵着鼻子走,又活跃了现场气氛。同时,还给大家留下一个良好的印象,将自己的乐观、自信和勇敢的一面展现在大家面前,不失为一个高明而有趣的回答。

人生旅途其实很漫长,谁都会不小心摔跤,陷入难堪的境地。此时,学会恰当的自嘲就很有必要。表面上看是嘲弄了自己、笑话了自己,但事实上,却是一种大度和从容的智慧。

通过适时的自嘲来化解尴尬,既帮助我们重新掌握局面的主动权,又让所有人都觉得轻松和自在,从而提升你的魅力指数。在众人的一片笑声中,你的智慧和魅力,都会被大家看到。而你的这份勇气,更值得所有人为你喝彩!

背后拆台的事，是躲开还是加入

> 如果背后非议别人之人并没有对他们自己的言行感到羞耻，你也大可不必因为坚持自己的原则而感到不好意思。

在和一小群人聊天时，如果听到其中有一两个人开始议论你们都认识的某个人，而且措辞并不厚道，这种背后拆台的话语难免会让你觉得很不舒服。

小 M 是某企业的一名会计，对业务很熟悉，工作上也从未出现过任何差错。但是他有一个致命的缺点，就是喜欢在背后议论别人。

小 M 所在的部门有一位眉目清秀的女同事，只是年龄大了点，一直没有结婚。

一日，小 M 与另一位同事闲聊，不经意间便谈起了这位大龄女同事，两个人说得兴高采烈。就在这时，同事小 Y 刚好经过，听到了一些他们的谈话。微妙的是，小 Y 和这位大龄女同事是老乡，私底下交情很深，听到这样的话，小 Y 感觉很难堪。

在朝九晚五的职场，办公室的同事总是会听到一些闲言碎语，若是真的事不关己，大可高高挂起，但若是有一天你听到别人在议论某个你们都认识的人，而且言辞毫不客气，这时候想从容应付一定很难。

不可否认，无论是谁，都难免被他人说长道短，也难免有言行不到，被人抓住把柄、评论是非的时候。可是，如果有人以这种八卦的方式提到你，使你陷入这样的旋涡，想必你当然希望有个人能跳出来阻止。

但是，如果在背后非议别人之人并没有对他们低劣的言行感到可耻，你也大可不必因为坚持自己的原则而感到不好意思。毕竟，不道德做法的背后总是掩藏着见不得阳光的阴暗心理，看透了这些之后就不应为其烦恼。在这种时候，沉默有时反而是不恰当的。

那么，你又该怎么做呢？此时，最直接表达你立场的方式就是起身告辞，离开这群人。当然，如果你愿意，也可以说点什么，效果或许会更佳，而且你自己也会好过一些。例如：

"你真的相信这些事吗？"

"我想我们可以问问本人，关于这件事，也许会有另一种说法。"

"听你这么说，我觉得很惊讶。"

"你在说什么？他怎么可能是你说的那种人呢？"

"你的话真的让我很不舒服。"

"这真有趣，因为他提到你向来只有称赞的话。"

"你知道，我对传闻是不怎么相信的。"

第七章

把握尺度，令语言更具魅力

说话有分寸，绝不在该说与不该说上犯错

玩笑有禁忌，道歉要真诚

> 开玩笑，本来是一件众乐乐的事，但如果开玩笑的对象闷闷不乐，那么这个玩笑就是一种伤害。

气氛尴尬的时候，一句玩笑话很可能瞬间就让压抑的气氛轻松下来，这时玩笑话就起到化干戈为玉帛的作用。然而，有些人开的玩笑，根本不像是在开玩笑，更像是在挖苦和嘲讽别人。所以我们要明白，尖酸刻薄和幽默感完全是两回事，不要把它们弄混。

当你直接跟一个人说，他简直笨得像头猪，或是跟你的房东直言，他家的装修很土气时，或许你觉得自己是在开玩笑，但是对方很可能并不买你的账，觉得你已经伤害或侮辱到他们了。

A同学正在读大学，因为天生长得就比较黑，所以被宿舍里的B同学起了一个外号——黑哥。

可是，这件事却让A同学十分不高兴。宿舍其他人似乎都能感觉到他的不开心，渐渐地，也都不叫他的绰号了，偏偏只有B同学，无论何时何地还是会用"黑哥"来称呼他。

A同学说，他和舍友的关系相处得挺好，就连和给他起绰号的B同学的关系也不错，唯一让他不高兴的就是被别人叫成"黑哥"。其实，不光起绰号这件事，B同学还经常拿他肤色黑讲各种段子。

讲到这里，可能有人会说，这个A同学太"玻璃心"，不就是被人说一下肤色黑吗，这也没什么，没必要和舍友闹别扭。虽说拿一个人的肤色黑开玩笑，算不上是挖苦讽刺。但是旁观者和当事人的感受是不同的。我们不是A同学，无法感同身受，就会觉得这是一件小事。可能起绰号的B同学也是这样想的，"这不过是同学之间的玩笑话罢了"，于是，并没有把它当回事。

也就是说，如果你开的玩笑并不好笑，已经超出了适度的范围，就必须考虑是否伤害到了别人，这一点很重要。此时，如果你的道歉毫无诚意的话，只会适得其反，让局面变得更糟。所以，你要避免说这样一些话：

"我不是这个意思，这纯属意外。"

"我真的不懂你为什么要生气，放轻松一点嘛。"

"这没什么大不了的吧，纯属口误。"

"我已经说对不起了，你还要我怎么样？"

如果你有同理心，不妨这样想一想：其实这个世界上真的没有人喜欢别人拿自己的短处和缺陷来开玩笑。想想自己曾经的遭遇吧，当我们成为别人开玩笑的对象时，是不是心里觉得很憋屈，一万个不高兴？遗憾的是，那个开我们玩笑的人，还觉得不就一个玩笑，何必这么当真？

如果你真的想道歉，那么就真心诚意地向对方道歉，并让对方感觉到。你可以试着这样说：

"真的很抱歉，我真不知道自己在想什么。"

"你尽管说，我该如何赔罪？"

"我没那个意思，我简直太蠢了。"

"我对不起你，我怎么这么没脑子。"

"是我把事情搞砸了，请你原谅我吧。"

"我肯定说错了什么，真的很抱歉。"

"我完全没有伤害你的意思，对不起。"

"如果换作我，我也会生气的。所以，真的很对不起。"

有些话、有些事，对一些人而言可能无关紧要，但是对另一些人而言可能就关乎人格和尊严，毕竟我们很难做到感同身受。所以，开玩笑的时候，无论是有心还是无意，一旦开玩笑的对象露出了不悦的表情，就要立刻停止，并且事后做出真诚的道歉。因为道歉是生活的黏合剂，可以修补任何东西。

当然，既然要道歉，就好好地道歉，然后把这件事忘个精光，别总是提起。另外，道歉的时候也要避免过度戏剧化，否则会让人心生反感。例如，这些话就明显说过了头，让人看不到你的诚意：

"我真的非常、非常、非常抱歉。"

"我的天啊，我怎么这么笨，我简直就是天底下最大的笨蛋。"

总而言之，开玩笑就是为了活跃气氛、增进感情。所以，在开玩笑的时候，一定要三思而后行，不要因为不恰当的玩笑而损害了人际关系，否则就得不偿失。

不吝赞美，但不能溢于赞美

> 赞美的尺度掌握得如何，往往会直接影响赞美的效果。记住，点到为止的赞美才是真正的赞美。

人人都喜欢听到赞美之辞，这是人的本性所决定的。当然，并非所有的赞美之辞都能让人喜欢，因为赞美的时候，要考虑场合、对象、语言等因素，只有把这些细节都兼顾到了，才能赢得被赞美者的喜欢。否则，赞美话说得再多，也是徒劳。

这就好比一个气球吹得太小，难免不够好看，但是吹得太大，又很可能会吹破。所以说，对他人的赞美也应该掌握一个度，真诚的赞美应该恰到好处，而这样的聊天也会更加愉快。

当然，并非人人都能把赞美的话说到恰到好处。生活中，很多人常常是为了赞美而赞美。例如，为了讨得上司欢心、达到自己的目的，总是说一些阿谀奉承的话："您真漂亮，是我见到的第一美人。""您是我遇到的最有能力的人，没有谁能比得上您了。"对他人如此恭维，听起来当然不会令人舒服。

显然，这样的赞美是不得当的，很容易失掉聊天的真诚。真诚的赞美是出于真实的感受，是一个人对另一个人的某种优势、长处的肯定。拍马屁则不同，它并不是出自人们内心深处对另一个人的认可，而是为了达到某种目的而刻意表达出的好感。这种过度的赞美难免会让整个对话听起来像是互相吹捧、阿谀奉承。

假如在一次聚会上，你发现某人歌唱得不错，如果你这么说："你的歌声是全世界最动听的。"显然，这样的赞美只能使双方都难堪，但是如果换个说法："你歌唱得真不错，挺有味道的。"想必对方一定会很高兴。

赞美一定要发自内心，要让对方看到你的真诚，而不是信口开河，因为你要赞美的人是你了解的人，你要赞美的话语是来自于被赞美人的优点。

多数时候，适当的赞美可以让感情升温，而过度的赞美只会显出你的虚伪，也会让你的赞美显得功利，让听者产生"他是不是要跟我借钱""他是不是想让我帮什么忙"之类的想法。

所以，做一个有分寸的人，一定要懂得拿捏赞美的分寸。使用过多的华丽辞藻，只会使对方感到不舒服、不自在，甚至感觉肉麻、厌恶，结果只会适得其反。而恰到好处、点到为止的赞美才是真正的赞美。

别人自嘲时，千万别附和

> 说话是一门艺术，倾听也是一门学问。在把握不住别人的自嘲时，做一个好的倾听者会比没有技巧地附和让你更受人欢迎。

人际交往，有时候就像围坐在一个火炉旁取暖，不时会被突然溅出的火星给烫到。也就是说一句有失分寸的话很可能成为你与他人的交往过程中的障碍。然而，更糟糕的是，你伤了人还不自知。

我们常说，自嘲是一个人高情商的表现，一个恰到好处的自嘲，可以向朋友传达你的豁达和善意，可以很快拉近你与别人的距离。可是，当你的朋友自嘲的时候，如果你不知分寸地加以附和，很可能让双方下不来台，甚至会让局面变得尴尬起来。

在一次闺密聚会中，Y小姐声情并茂地描述她最近一次相亲的窘境：从父母如何给她施加压力逼她相亲结婚，一直聊到相亲对象如何乏味无趣。在座的大多数姐妹也正面临同样的问题，由于大家都同病相怜，听完都开始唉声叹气。

此时，因堵车而迟到的D小姐终于来了，大家继续热烈地讨论着先前那个话题。D小姐自顾自地坐在沙发上，端起桌上的杯子就猛灌一口水。

时间又过了一刻钟，Y小姐转而自嘲起来："估计是我年纪大了呗，所以家里人才担心我再不结婚就找不到对象了。"

而此时的D小姐总算搞懂了大家正在谈论的话题，听到Y小姐的自嘲，立马接了一句："对啊，你看你年纪也不小了，再过两年估计抬头纹都要盖不住了，赶紧趁现在底子还不错，多相亲几次，找个差不多的就行了，要不然等你真当了高龄产妇，估计屁股大得连走路都困难咯。"

说完，D小姐一个人咯咯地笑个不停。

大家互相对望了一眼，并没有配合着笑，气氛一下子变得尴尬了。一直默默坐在旁边的麦姐终于耐不住了，回了一句："人家自嘲，你起什么哄！"

很显然，这是一次失败的聊天。Y小姐的自嘲或许只是想缓和一下沉重的聊天气氛，不巧的是，D小姐加入了，不仅附和了，还把别人的痛点当作一个笑话。最后，气氛不仅没有被炒热起来，反而让人尴尬得无所适从。

很多时候，我们都想做一个有趣的人，希望在众人面前可以高谈阔论、畅所欲言。可是，在我们绞尽脑汁地想如何做一个有趣的人之前，是否做到了知分寸、懂进退呢？毕竟每个人都有底线，在没有触碰这条线之前大家都能相处愉快。可是，一旦触及底线之后，真正愉快的又有几个呢？

人与人之间的关系真的很微妙，有些人因为一句话从此不再来往，也有些人因为一句话而成为挚友。因此，说话一定要懂得分寸，千万别自以为是，别把小聪明当幽默。说话是一门艺术，倾听也是一门学问。在把握不住别人的自嘲时，做一个好的倾听者会比没有技巧地附和让你更受人欢迎。

尽量少说口头禅

> 有些口头禅无伤大雅,有些却是人际交往的大忌,往往会在不经意间破坏你的"沟通形象"。

生活中,每个人或多或少都有一些口头禅,即使努力控制,还是会脱口而出。有些口头禅无伤大雅,有些却是人际交往的大忌。如果你在沟通中反复出现某些口头禅,那么一定会破坏自己的"沟通形象"。

我们常说,一个人讲话时要文雅、利落,这不仅是交际的需要,还是培养个人良好谈话修养的要求。为此,你可以问一些朋友,看看他们是否发现了你使用重复的措辞,如果是,那就赶紧改过来,或者尽量避免。

有些人经常挂在嘴边的一句话就是"长话短说",讲这句话的人,往往对短话完全没有概念,只是想为接下来的长话表示抱歉罢了。如果你自己也有这个习惯,那么你很可能就是口若悬河、爱讲长篇大论的人,这时最好认真地精简一下你要说的话,不要让人觉得你说话絮絮叨叨,没有主次。

另外,下面这些口头禅在谈话中也要尽量讲一次就好,如果再三地讲,既没有任何意义,也让人很难接受。

"你清楚吗?""你知道我的意思吗?""你知道我在说什么吗?""我告诉你啊……""我跟你讲……""你明白吗?""是不是啊!"在说话交谈中,有些人经常使用这类口头禅,虽说只是说话者的一种语言习惯,在句子里也没有实际意义，但是这种口头禅难免给人一种自以为是、居高临下的感觉，使听者产生不舒服的感觉。

"这个""那个""嗯""啊"……有的人讲起话来，经常使用这种口头禅，让语言显得拖沓、紊乱、不流畅，令人不胜其烦。

虽然口头禅大多是人们在无意识中形成的，但它其实体现着一些人身上某些修养的欠缺。所以，要想给人留下彬彬有礼、谦逊干练的好印象，必须要戒掉这些一再重复的措辞，因为它们对你的谈话没有任何帮助。

此外，还有一种口头禅则因人而异。有些人喜欢讲"漂亮""很棒"，有些人喜欢说"太好了""好可怕"，有些人则总是反复说"厉害"这类词，但是无一例外，每隔几分钟就会重复一次，这会降低你的谈话效果。所以，为了不损你的风度，不妨找个朋友或亲人问问，看你是不是经常讲这些口头禅。

但是话又说回来，那些总说没有意义的口头禅的人，大多平时不爱读书，不注意增加词汇量，那只能是"词到说时方恨少"。尽管自己心里已经想得很清楚了，但就是说不出来。所以，当你还在为怎样克服口头禅而焦虑时，那就静下心来，多读读书吧。当你对要讲的内容和措辞比较熟悉时，就给大脑和嘴巴一个磨合的机会，自然也就能减少甚至消灭毫无作用的口头禅。

聊八卦可以，但要有底线

> 聊八卦是很多人的喜好，然而，考虑不够周密的八卦往往会使别人对聊八卦之人的印象大打折扣。

我们经常会听到有人这样评价某个人："这个人真八卦，啥都打听，啥都乱说……"聊八卦属于人的天性，而八卦者更是热衷于捕风捉影，四处散播信息。这其中，虽然不乏一些纯粹是为了茶余饭后的谈资，不带任何恶意，但人言可畏，若是把握不好八卦的度，很可能会造成损人不利己的后果。

不过，一个有修养的人必然不会轻易散播八卦信息。中国有一句古话叫"谣言止于智者"，虽说八卦并不是谣言，然而八卦却为谣言提供了成长的沃土。很多时候，我们看待一件事情，或者是看待一个人，未必能看得一清二楚，更何况某些信息是从别人口中听来的。所以，我们最好还是避免散布谣言，避免谈论别人私密的事情。

也许很多人会说，聊聊别人的八卦，说不准会让你很有人缘，因为似乎每个人都很喜欢听这些故事。然而，别忘了，这样在别人的印象中，你很可能会成为一个阴暗的小人，也就是那种不受欢迎的传话者。

尽管如此，八卦也并非都是坏事，全看你如何界定。有时候，散布别人取得的成就，甚至八卦一下别人获得成就背后的有趣故事，就很好。例如，谁家添了宝宝，谁的健康状况有所改善，或是谁家刚买了一套新房子等消息，严格来说都是八卦，但是人们却能接受，并不会因自己的隐私被侵犯而面露不悦。

其实，好的八卦听起来应该是这样的：

"好消息！Angela订婚了，据说男方条件很不错呢！"

"听说老板回来了，而且有足够的信心带领我们迎接更大的挑战。"

"看，这就是肖克的新家——这可是海边稀缺的花园洋房啊！"

"听说他的儿子刚上初二，就已经过钢琴八级了，真厉害噢！"

不过，如果说了下面这些话，你可能就是在讲不好的八卦了：

"你有没有听说，老板的太太带着孩子独自生活了？"

"你知道为什么菲儿最近都没有去上班吗？"

"让我告诉你吧，事情其实是这样的。"

"你不会相信我听说了什么，老总的事情真的被人告发了。"

"我猜你一定不知道我们的会计到底发生了什么事。"

"你知道吗？听说我们的导师出事了。"

可以说，考虑不够周密的八卦，往往会使听者对讲八卦之人的印象大打折扣。为此，开口之前不妨问问自己，站在你对面的那个人是不是也会聊这种事。如果不会的话，那你最好乖乖地把嘴巴闭紧。

话说多了，无异于自降身价

> 交谈中，如果别人对一个话题失去了兴趣，你就不要试图继续独占对话，聊个没完。

当我们形容一个人口才好，常常会用"口若悬河""滔滔不绝"等成语。然而，与人交流时，最令人生厌的人便是这种独占对话的人。他们常常忽略新加入的人，并且从不会问别人问题，不管发生什么事，始终都是一个人讲个不停。

话多绝不等于口才好，更多时候，话多往往意味着口才差、讨人厌。由于我们的食量有限，一旦肚子被食物塞满了，就不能品尝其他美味的食物。同样，遇到滔滔不绝的人，若是对方用一堆废话把我们塞到撑，那么接下来无论对方说什么，我们都很难听得进去。

或许很多当事人也很清楚这一点，"噢，我已经说了这么久，我正在独占对话"，遗憾的是，他们就是不知道该怎么结束。在这个世界上，很多人是心里有话，但嘴上不知该怎么说。同时，也有不少人是心里没话，但嘴上说个不停。

不少父母都有过这种体会：自己的苦口婆心常常被小孩子嫌弃为唠叨，结果你的肺腑之言也总是被孩子当成耳边风。若是在孩子身上发生了你不希望看到的事情，这些父母又会赶紧补上一句："看看，我说什么了？跟你说过多少次了，就是不听。这下好了吧！"而你那可怜兮兮的孩子呢？自己已经很沮丧了，还要被父母训斥一顿，心情自然很郁闷，心里能不抱怨吗？

对于这些父母，我们想说的是，有时候，话多真的会失效。如果你就是忍不住，喜欢嘱咐个十遍八遍，那么，不妨把真正严重的事情用笔写下来，并放在孩子每天一眼就能看到的地方。

这种沉默无声的举动反倒会让孩子记得更清楚："哦，我得注意了，这个提醒一定要记在脑子里，万万不可大意。"为此，你需要事先就和孩子做一个约定，讲清楚哪些事情属于严重程度较高的。

如果你是说起话来就没完没了的主管，最好也能区分一下轻重缓急。如果确实是严重、需要大家认真对待的事，那么就以电子邮件或短信的方式，简明扼要地交代对方，并请对方回复确认收到，必要的时候可以留下白纸黑字的证据，这样你的话才会受到重视。如果你实在忍不住要说一些废话，那就默许这些废话任由下属左耳朵进，右耳朵出吧。

其实，很多时候，有些人并非故意要独占对话，他们只是不知道如何以简单明了的方式来叙述某件事情。如果你发现自己有时候也会一个人说个不停，不妨停下来问问对方：

"你对这件事有什么看法？"

"你去过那儿吗？"

"你有没有碰到过这种事？"

"你有什么想法？你会怎么做？"

当然，你也可以随身携带一块手表，以便随时提醒自己，一旦你已经发表自己的看法超过三分钟，那么就是时候换别人了。无论你多么想再说点儿什么，无论你说的故事有多么好笑、多么有趣，你都要克制自己，别再说下去了。

不要随便踏进别人的私人领域

> 每个人都有过向别人倾诉秘密的时候，每个人也都有过倾听别人秘密的时候。保护好别人的隐私是一个非常重要的美德。

每个人都有其心灵最柔软的地方，那里往往潜藏着不愿意让别人知道的秘密。但是，有时候知道这个秘密的别人也许是真的想泄密，也许是经受不住别人糖衣炮弹的诱惑，不小心把秘密说了出来。

最近，Jack把一个秘密告诉了跟他关系最好的同事，并且要这位同事替他保守这个秘密。这位同事信誓旦旦地说绝对不会告诉别人。但不久，公司里几乎所有的同事都知道了这个秘密。大家开始用异样的眼光看着Jack，让他在公司抬不起头。

虽然Jack在公司的发展前景很好，但他最终只能辞职离开这个公司，另谋出路。他说自己恨透了那个出卖他的同事。

这样的事情其实早已不是第一次发生。那位同事平时有点大大咧咧，总是无意中泄露别人的秘密，例如："那是因为他说老板坏话被听见了，糟糕！""他不是自己辞职的，是被老板炒鱿鱼了，不过他让我不要跟别人说。"

相信每个人都有过向别人倾诉秘密的时候，也都有过倾听别人秘密的时候。当别人向你倾诉秘密的时候，说明对方信任你，并且认可你的品德。此时，保护好别人的隐私，既是你的责任，也是一种美德。若是不慎说出别人的秘密，你必须做出适当的补偿。

首先，你得向对方道歉，当面纠正自己的错误，否则对方日后很可能不会再相信你。如果你坦率承认错误并诚心表示忏悔，对方通常都会再给你一次机会。

对被你泄露了秘密的当事人，你的态度一定要真诚，来表达你内心深处的悔恨。

接下来，你需要向那些从你口中知道了别人秘密的人道歉，同时告诉他们你已经知道透露别人秘密的行为有多么不道德，并且向他们保证，你会马上让被泄密的人知道你都泄露了什么秘密。

玩笑话染上"恶趣味"就不好笑了

> 幽默也要有度。幽默就像抓痒——抓轻了，不痒；抓重了，会痛。

喜欢讲笑话、抖包袱的人，总是让人多几分欣赏。看到朋友闷闷不乐、心情沮丧，他们就会说上一句幽默的玩笑话，哄得朋友开怀大笑。

幽默的玩笑话，可以说是笑容的最佳催化剂，往往能在关卡处点拨人：这件事不过如此，没什么大不了。不过，开玩笑也要有度。

Y先生和同事们一起请客户吃饭，饭后，客户提议去咖啡厅再坐一坐。大家分几辆车走，Y先生坐了一位客户的车。上车后，Y先生发现座椅很靠前，而后座上又堆了一堆东西，于是他就把东西挪开，试图把椅子向后推一点。可是，弄了半天，都没有搞定。

因为是刚认识，大家都还不熟，Y先生就跟客户说："只怪我太笨了，能麻烦您帮我把椅子稍微往后调一下吗？谢谢啦。"

听完Y先生的话，这位客户一脸惊诧，哈哈大笑，反问他："大哥啊，你是不是今天刚进城的呀？我可是第一次听说还有人不会调椅子的。不过，看你刚才开车门还学得挺快的。"

也许这位客户还觉得自己很幽默，可是他没有考虑Y先生的自尊心。开玩笑的准则是可以自嘲，但绝不能嘲笑。你可以调侃自己丑、胖，但是千万不能把这些词用在别人身上。

可以说，对第一次见面的人就这样开玩笑，实在是不礼貌。面对自己熟悉而别人陌生的事物，能做到不炫耀、不嘲笑、不讥讽、不盛气凌人，才是真正的有教养。

我们和别人谈话，最好的状态莫过于，说话的人舒服，听的人也舒服。那些总是想在言语上压倒别人的人，也许很聪明，脑子转得很快，但是，人缘真不一定有多好。跟陌生人，尤其是第一次见面的人，就开一些毫无分寸的玩笑，只会让别人觉得你不懂礼貌。因此我们应记住，幽默过了头便会成为瞎胡闹。

虽说幽默感强的人常常是受欢迎的人，也是经常成功的人，但是也要注意玩笑背后的规则，避免踩到一些"雷区"。

（1）不要拿别人的生理缺陷开玩笑。把自己的快乐建立在别人的痛苦之上，很可能会冒犯到别人。

（2）讽刺性的幽默很可能给人难堪的刺激，结果造成彼此的疏远。

（3）恶作剧不是每个人都愿意接受的，捕风捉影、以假乱真，把小道消息作为茶余饭后的笑料，都是不负责任的低级趣味。

（4）每个人都有自己的个性，在开玩笑之前，不要忽略对方的性格因素。

（5）玩笑不应含有蔑视别人职业的成分存在。

很多人喜欢在聊天的时候开个玩笑来活跃气氛，但有时候开错玩笑反倒弄巧成拙。如果他人不喜欢开玩笑，就会认为爱开玩笑的人举止失当或令人心烦，日后也可能会处处躲着你。所以说，玩笑开对了是幽默，开错了还不如沉默。

第八章

能说会道，才能赢得职场好人缘

在办公室聊天时，我们该说些什么

会说话的人更有气场

> 你很努力、很认真,但还要再专业一点,不仅要会干,更得会说。

俗话说"会干的不如会说的"。如果你想仅凭熟练的技能和踏实的工作,就在职场游刃有余、出人头地,未免有些天真。虽然能力加勤奋很重要,但是会说话,却能让你工作起来更轻松。

但是,偏偏有这样一些职场人,会干,就是不太会说话。更可悲的是,这样的人可能很难得到上司的重用、获得同事的帮助、得到下属的信任与支持。不会说话的职场人,虽然工作也很辛苦,但不得不遗憾地说,因为不会说话,他们总是得不到认可。

小 A 是某公司的财务总监。在一次会议上,他向董事长建议不要采取某机构建议的一个理财方案。客观地说,小 A 的建议确实很有道理,而且也提出了自己的解决办法,但是他没能在短时间内清晰准确地表达自己的观点,结果被董事长打断了。尽管小 A 为此做了很多功课,但是最终他还是遗憾地错失了这次机会。

还有一次,小 A 向另一个部门的某位同事求助,没有打电话,只是发了一个 QQ 留言:"听说你在这方面有点心得,这个项目我不会做,你看你什么时候有时间给我讲讲。"大家都知道,求人帮助讲究的是心存谦虚、真心诚意,若是能明示利益回报，就更不会遭到拒绝。但是小A可以说是一条都没做到，对方回一句"没时间，以后再说吧"，就算是客气的了。

无论公司大小，上司不可能每天都盯着下属，看下属做了什么，也不可能像朋友那样了解下属的个性和工作方式。所以，那些只顾埋头苦干的人往往很难得到上司的理解，反倒容易被上司误解。而且你的不善言辞，也可能会让好好的同事合作就这样泡汤。所以，身在职场，不但要努力、认真，而且需要再专业一些，不仅要会干，还要会说。

那么，有什么办法可以让上司和同事知道你在努力工作且成绩斐然呢？

1. 及时告知上司自己的工作进度

完成一项工作之后，先和上司沟通，然后再做后期的收尾工作。你如果不善言辞，或者没有机会和上司面谈，一个很好的解决办法就是，把你所做的工作实时发布到微信朋友圈里，还可以把上司放进"提醒谁看"的名单，这样就不怕他看不到。

2. 应该承担的责任不推脱，不应该承担的责任不沉默

工作中出问题，明明应该别人承担责任，一定不要代人受过。该你承担的责任，绝不推卸。不该你承担的责任，也绝不自揽。

3. 善于欣赏别人

看到同事的工作得到上司的赞赏，虽然你心里难免会为自己不被上司认可而难过，甚至有些忌妒，但是你仍然要夸夸这位同事："××的设计/创意真不错。"在明争暗斗的职场，善于欣赏别人，会让上司认为你本性善良，并富有团队精神，从而给你更多的信任。

4. 面对批评，真诚地谢谢对方

面对来自职场的批评或责难，不管自己有没有不当之处，都不要将不满写在脸上。与之相反的是，你需要让对方知道，你已接收到他的信息，不卑不亢反而会让你看起来既自信又稳重，更容易被给予重任。

随便发牢骚是职场中最愚蠢的行为

> 抱怨只会使你肩上的包袱更加沉重,当你把这个包袱卸下时,你才会发现生活中原来有那么多被自己忽略的美好。

职场江湖,难免会有一些令人闷闷不乐的人或事。比如:"领导布置这么多的工作,还让不让人活了?""同事怎么这么讨厌,不经同意,就擅自动我的东西!"……

很多时候,当你的薪水达不到自己的期望值时,或是处理不好和领导、同事的关系时,你很可能就是那个满口牢骚的人。对这些发牢骚的人来说,办公室里不是太冷就是太热,不是老板太难伺候就是食堂伙食太糟糕。总之,永远都是境遇不公,结果成了同事眼里不被待见的"万人嫌"。

其实,你在抱怨什么并不重要,重要的是你在传递一种负面情绪,而你的这种牢骚很容易影响到公司整个团队,除非你表达得很有技巧。

阿杰是个心直口快的小伙子,他的老板却是个不容易沟通的外国人,这就注定了他是个爱发牢骚的职场人。有一次,在报表数据的问题上,老板和阿杰发生了争执。

回到办公室的阿杰,气呼呼地把文件夹摔到桌子上,发起了牢骚。平日里偶尔会附和几句的同事这次却默不作声。

阿杰回头一看，原来老板就站在门口。老板认真严肃地说："我本来是想跟你道歉的，那个数据是我弄错了。但是，当我看到你刚才的那一面时，我改变了主意。"

没有人会喜欢发牢骚的同事，也没有领导会喜欢发牢骚的员工。祸从口出，是发牢骚的最大危害。虽然你的牢骚能博得别人的同情与安慰，但是你很可能会失去隐私；虽然你对别人信任有加，能拉近彼此之间的距离，但是你很可能失去别人对你的尊重。更何况，这样做并不能解决实际问题。

所以，当你的生活出现失恋、婚变等危机时，最好不要在办公室里随便找人倾诉。如果你对老板、同事有意见，更不应该在办公室里发牢骚，毕竟隔墙有耳。这些倾诉内容很可能成为你职场中的"不定时炸弹"，在你升职、加薪等关键时候被别人毫不留情地"引爆"，而且这样做本身就说明你是一个缺乏涵养、缺少人格魅力的人，这样无疑会严重影响到你的职场前途。很多时候，如果你意识到自己经常满腹牢骚，就应该刻意提醒自己：需要换种表达方式了。

有些职场人士的牢骚话就说得非常有水平，既达到了自己的目的，又让他人觉得很舒服。比如，刘先生在一所语言培训机构上班，晚上加班几乎是家常便饭。于是，他非常巧妙地向领导"抱怨"，说接连几天加班，自己有多累。这样做，领导既知道他加了班，又知道他非常辛苦。一周后，老板就批准了刘先生一周的休假。

尽管大多数人承认，牢骚其实就是发泄不满，并不能指望它改变现状，可就是控制不住自己的情绪。那么，如何委婉地发泄自己的不满情绪呢？下一次，当你实在忍不住要发牢骚时，请务必认真思考以下的建议：

（1）一个人心有不满时，说出来的话往往带有强烈的个人情绪，也不能被别人接受，此时最大的忌讳就是让牢骚脱口而出。

（2）办公室有时就是一个小社会，牢骚发得愈多，反而愈容易被同事误解，或是滋生令人反感的情绪，导致负面效果。

（3）向同事或是同行业的熟人倾诉自己的烦恼是非常不妥的做法，谁能保证他们在聊天时不会把你说的话传出去呢？

（4）不要事事发牢骚，这样不但你的工作效率大打折扣，而且你的工作能力也会让人怀疑。

（5）如果遇到一个非常棘手的问题，那就请怀着乐观的心态解决这个问题。积极的沟通永远是最好的解决办法。

（6）如果对某件事情已经发过一次牢骚，也得到了对方的重视，那就不要再提此事。

（7）与人交流时，要多用委婉、商量的语气，把讽刺、抱怨的话变成建议。

（8）发牢骚者总是觉得自己没有受到重视，作为上司，若是能够热情周到地给他们提一些建议，问题通常会迎刃而解。

（9）如果你并不赞同同事的牢骚，那就试着巧妙地把话题转移到更积极的一面。

没有清晰的表达，一切都是废话

> 话讲出来要有清晰的表达，并且要让别人听懂，这是说话的基本要求。

很多人都遇到过这样的情况：想说明白一件事，结果说了一大堆，对方还是没有搞明白；明明想说的是 A，结果东拉西扯，说着说着就说到了 B 甚至 C，最终对方一头雾水不说，还觉得你逻辑不清、语言表达不佳。

在日常工作中，无论你从事什么行业、处于什么职位，无时无刻都会涉及思考和表达。可以说，这是每个人都应该具备的核心能力。那么，如何才能在短时间里清晰地表达自己的观点，且有效说服他人呢？

假设你是一家公司的老板，一天，某个下属在电话里向你汇报工作，他是这么说的："老板您好，刚刚网络部的张经理来电话，说公司网络出了问题，四点前他不能来参加会议了；会议室明天已经有人预定了，后天是空着的；还有财务部贾总的秘书说，贾总明天要很晚才能从外地回来。所以我建议把这次会议的时间定在后天上午十点，您看行吗？"

听完这个工作汇报，你有什么感觉？是不是完全搞不懂下属说话的重点是什么？对方想要表达的核心到底是什么？为什么要改到这个时间？

日常工作中，有这种表达习惯的人确实不少，在很短的时间内，一个人自始至终说个不停，可是听的人却完全不明所以。你要知道，话讲出来要有清晰的表达且要让别人听懂，这是说话的基本要求。

那么，如何才能在最短的时间内清晰地表达你的观点，甚至说服对方接受你的观点呢？继续以上面这个场景为例，跟大家讨论一下。

这位下属的表达可以说有结论，也有原因，但是，站在老板的角度来看，他最希望的就是对方很快说明自己的观点是什么，而且越清晰明确越好。在工作场合中，为了提高效率，就应该先说结论再说理由，这样才会更有说服力。

老板之所以听得云里雾里，是因为下属表达时没有对信息进行分类概括。有些原因可能出在人上，有些则出在会议室上，那么，可不可以把这些原因分一下类。事实上，若是把这些原因进行分类，别人听起来就会更清晰。

在上面这个例子中，贾总、张经理就是人的问题，而且各有各的情况，但是后天都有时间，那么下属在汇报工作时，就可以把这两个人的情况放到一起说，这样信息传递的效率才会更高一些。

按此方法，前面说的那个案例，怎样说才合适呢？

"领导您好，我们能不能把今天下午四点的会议改到后天上午十点？因为后天贾总、张经理都有空参加会议，而且后天会议室可以预定。"

这样表达是不是就简洁明了多了呢？如果老板仍然有疑问的话，你还可以针对每个人的理由继续展开。

不想被人呼来唤去，就在话里划定界限

> 有许多说"不"的方式，可以让人觉得你善于合作，帮助你成功地维持工作关系。

对于大多数人而言，说"不"是一件困难的事。对于职场人士而言，说"不"似乎更是难上加难。

"毕业到现在，我已经工作一年多了，虽说一直在锻炼自己为人处世的能力，但是仍然有一个困扰，就是在职场该怎样拒绝别人？特别是面对强势的人的时候。

"公司的老员工和个别同事总会让我帮他们做一些杂事，例如，寄快递，装操作系统，参加一些无聊的活动，常常导致我手头上的工作一再被打断，可是我就是不知道该怎样拒绝他们。"

你是否也经常觉得这样一些要求很烦，甚至很反感呢？代打卡、代加班、代签到、代买东西、代做报告、借钱……既然你那么不爽，为什么不直接说"不"呢？

其中原因莫过于我们总是希望被别人喜欢，被别人当作善于团队合作的人；我们不想因为拒绝某个人或某件事而伤害了对方的感情，疏远了彼此的距离；我们害怕自己表现不佳，在团队中没有价值；我们担心如果自己不帮助别人，别人也不会帮自己；我们才刚进入职场，资历浅，怕得罪同事。可以这

么说，我们对太多事情说"不"，其实是出于愧疚，或是为了证明自己无所不能。但是，如果我们对太多的事情说"是"，只会令自己疲于应付，甚至产生相反的效果。

那么，职场中应该怎样拒绝别人，才不至于得罪他人呢？事实上，有许多说"不"的方式，可以让人觉得你善于合作，并且还能帮助你成功地维持工作关系。

某公司的老板提议周末组织员工旅游，可地点却是一个大家去过好多次的度假村。

对此，负责组织这次旅游的经理心里很清楚，若是再去同一个地方，员工多多少少会有一些怨言，这样很难达到放松的效果。

可是，他又不能跟老板直说。在开会宣布旅游决定的时候，他满口赞成老板的提议，并且认真把"指示"记在了本子上。

会后，这位经理找了个机会，私底下向老板说明了情况，并向他推荐了一个不错的去处。老板思考后，果然改变了自己的决定。

如此，这位经理既在大会上保住了老板的面子，又履行了自己的职责。

有时候，为了避免直接说"不"给当事人带来的不好影响，不妨先肯定，然后再用"迂回策略"改变其想法，往往更能达到效果。你的肯定便是向老板表示赞同，这样就在心理上拉近了彼此之间的距离。当面对你的拒绝时，对方也能以"可以体会"的态度接受。若是直接说"不"，反而会让老板觉得你不懂事，不顾及他的面子，从而对你产生不好的印象。

当然，还有一些技巧可以帮助你有效拒绝他人。

（1）询问向你求助的人，了解他们请求的重要性，在接下来的对话中，或许能找到比你更适合提供帮助的人，并且提出更好的解决办法。

（2）用尊重的态度拒绝对方的请求，并提供可以帮助对方的替代选择。

（3）如果你无法提供对方所需的帮助，那就说声抱歉，然后用坚决但有礼貌的语气告诉对方。如果对方同意，务必要感谢对方的理解，并向对方强调未来你依旧愿意提供支持。

总而言之,学会巧妙地说"不",既能帮你划定界限,又能维持好与同事的关系。即便在拒绝的时候,与同事的交流也可以为你提供机会,建立或增强与对方的关系。当然,说"不"并非易事,但是如果你始终能以关心和尊重的态度拒绝,反而可以给双方都带来好处。

把无谓的胜利让给对方

> 比起唇枪舌剑,把无谓的胜利让给对方,更能显出你的度量。

同一句话换种表达方式,往往会有不同的效果,但在职场,总有些人输在不会说话上,招致大家的反感不说,还弄丢了饭碗。

小王所在的公司就有这样一位女同事,能让所有跟她有过接触的人都退避三舍,表示不想再跟她有任何交集。

这位女同事毕业于国内某名牌大学,可以说是学富五车、逻辑清晰、口若悬河。每次部门开会,她都能侃侃而谈,还是接领导话茬的一把好手。很多初次接触她的人,往往有这样一种感觉:让人难以招架。

可是,这位女同事却不怎么招大家待见,甚至还有人很讨厌她。公司里,需要协调事情的时候,其他部门的同事很少愿意配合她。就算是一个部门的同事,也不太愿意跟她做搭档。

这位女同事的问题就出在,每当她跟同事意见不同的时候,她总是把对方驳得哑口无言。实际上,那些口头上败给她的人,心里无不期待她出洋相。

其实,单就工作能力而言,上司还是很欣赏这位女同事的。但是,当上司发现此人人缘太差,不能和团队其他成员融洽地相处时,对她的评价也就大大降低了。

后来，这位女同事离职了，听说离职谈话的时候，她跟老板说的离职原因竟然是，公司太抠门了，我这么努力工作，才给我那么一点奖金，我是一定要走的。

其实，每个人都希望别人同意自己的观点，但是每个人又都是自己那片小领土的"国王"。既然都是"国王"，那么每个"国王"当然都有自己的想法，实在不可能大家都同意彼此的想法。

职场上，当你不同意某位同事的观点的时候，并不需要像小王这位好辩的同事那样，硬要对方认输。这么做无论是对事情的进展，还是对职场人际关系都没有丝毫的帮助。要知道，谈话并不都是"华山论剑"，非要有个输赢。做人做事都不能太较真，否则，余地就没有了。除非你的目的是一拍两散，那就请尽情反驳，在破坏你形象和人际关系的道路上渐行渐远。

那么，怎么做才能既妥善处理好问题，又能让同事心服口服，进而相互理解、相互支持呢？把无谓的胜利丢给对方，语带保留，迂回地提醒，但凡思维正常的人都应该听得出你的立场。

可是，如果遇到非逼自己认输不可的同事，又该怎么办呢？如果认输并不会伤害到你的原则，那就一笑而过，把无谓的胜利让给对方。比起唇枪舌剑，你的退让更能显出你的度量，且对方也会很乐意跟你进一步合作。

懂得让步，就是为自己赢得一席之地

> 在职场中，过激的争论会带来许多负面的效果。

想必很多人都遇到过这种事情：面对别人的无理要求，没能及时拒绝，心里十分憋屈；面对别人的无理指责，一时找不到应对的方法，结果白白吃亏；明明事事占理，争辩起来却变成了无理取闹，简直就是有苦在心口难开。但是，争辩如同争斗一样，永远没有赢家，失利的一方固然倒霉，胜利的一方也很受伤。

小张气鼓鼓地把小王叫出办公室，劈头盖脸就是一通责备："你是什么意思，怎么能把我们俩交流的邮件抄送给老板呢？"

小王看起来很淡定，不慌不忙地说："我没有别的意思，咱们交流的内容涉及项目发展方向，当然应该让领导了解一下啊，你说呢？"

"不就是因为我不同意采用你说的那个方案，说了几句过激、难听的话吗？我告诉你，这个方案的设计是由我负的！"

"干吗这么冲动，我就是提点建议，设计还是你负责，你自己去处理吧。"小王说完，转身就走了。

身在职场，犹如一群人吃锅饭，难免会发生勺子碰锅沿的事。一封邮件引发了两位同事的激烈交锋,你说你的理由,他说他的道理。争论的双方都相信自己的想法是正确的,都在力求胜利。

然而,多数时候,即便你是有理的一方,若是采用了争辩的办法要求对方认可,那么分歧就将永远存在。富兰克林曾说:"在争论或反驳中,也许你赢了对方,但那样的胜利是空虚的。因为,你绝对无法赢得对方的好感。"

其实,争辩永远不能让你得到满足,但让步却可以让你得到更多。让步不是怯懦、胆小,而是建立人与人之间良好关系的法宝,是你为人处世的一种优雅风度。

人在职场,无论是谁都可以发表自己的意见。案例中的小张没有选择当着同事的面和小王争执,而是直接把他叫到办公室外面。这其实就是在向小王宣告:"我不怕你,你也别侵犯我的职责领地。"很显然,这是一种有效厘清势力范围,但又不让对手难堪的策略。

可是,不管结局怎样,小张的发飙,以及对同事的指责,还是引起了对方的极大不满,同事关系也搞得很僵。其实,在这个看似稀松平常的情境背后所蕴藏的说话智慧,往往被很多人忽略。

我们首先要明确一点,职场争辩不是吵架,也绝不应该为了个人的胜利而与他人论高低。有时为了自己坚持的主张,我们应该据理力争。不过,过激的争论反而会带来许多负面的效果。那么,我们该如何应对职场中不可避免的争辩呢?不妨思考下面几点建议:

(1)很多时候,我们之所以争辩,其实是因为每个人理解问题的角度不同,这本身并没有对错。为此,讨论某事时,我们要对事不对人,容许别人有自己的看法。

(2)要有接受不同意见的心胸。如果对方提出的意见正确,那就应当采纳,并且反思为什么自己走了弯路。如果对方提出的意见不正确,在反驳对方之前,也要认真思考一下自己的想法,这种思考也许会帮助你发现之前没有发现的问题。

(3)虽然你应该坦率地提出自己的反对意见,但是仍然要注意提出反对意见时的方式与态度,同时也要肯定对方意见中合理、正确的部分。唯有这样,对方才更容易接受。

（4）为了避免争辩成为一场辩论，你要时刻记住：讨论是为了加深双方对某件事的认识以及推动事情的进展。

卡耐基曾经说过这样一句话："天下只有一种方法能得到争论的最大利益，那就是避免争论。"如果你喜欢争论，甚至常常在争论中获胜，那这种胜利是空洞的，因为你将永远失去对方的好感。

不过，有些时候，在激烈争论过后，一些问题也许会变得明朗起来，彼此也会更容易做出互相理解和让步的行动。当然，这种激烈的沟通方式，只能有选择地使用。

说话被打断，也可以友好地处理

> 喜欢打断别人、乱插话的人，甚至比发言冗长的人更令人生厌。

职场交谈时，每个人都有发言权，但是不等别人把话说完，就随意打断对方的做法，不仅是没礼貌的行为，还会引起他人的反感，甚至毁掉自己的职场前程。

在一家公司里，小高和小许分别是两个部门的中层主管。小高能言善道，但是总喜欢抢先发言，还常常打断别人的话，结果经常会误会他人的意思。

与小高不同的是，小许说起话来就没有那么咄咄逼人，而且总是流露出亲切的目光。不管说话对象是他的上司还是同事，他总能耐心地听完后，再予以回应，而且回应的时候也能理性平和，甚至一针见血地表明自己的观点。

年底，公司进行优秀主管评选，大家一致把票投给了小许。一个月之后，公司有一个管理职位出现空缺，董事会也选择了小许。

在和小高的这场角逐中，小许那种不插话且尽心地聆听别人说话的习惯，无疑对她赢得最后的胜利起了关键作用。

谈话时，把自己的话插到正题之中是件很重要的事情。若是做得恰到好处，不仅不会使听者陷入难堪的境地，还可以把格调提高一个档次。

但是很多时候，我们也会遇到另一种情形，那就是总有一些喜欢插话的人，会冷不丁地打断你的话。例如，当你正跟客户讲到某个项目时，突然冒出一个同事，在一边说"这个项目是我们公司做得最成功的""这个项目能给客户带来很大收益"等。再如，当你在会议上发言时，你的同事突然打断你，向你提问，你必须回答同事的疑问再继续之前的发言。可是这样一来，你的思路就被打断了。

相信很多朋友都遇到过这样的情况。在这个问题上，需要明白的第一件事就是这种情况可能并不是针对你个人的，插话者很可能只是思维速度比在场的其他人都快，所以才会打断别人，或者是他们想快速表达自己的看法。

但是不管属于哪一种情况，当你面对那些喜欢插话的人，务必要掌握一些必修的技能。

接下来给大家分享几个方法。

1. 要求完成你的发言

当你开始发言时，就要跟大家说清楚，你需要先讲完所有内容，然后大家再发言。例如，你可以这么说："这个项目的流程，大致包括五个部分，接下来，请允许我先告诉大家整个过程。然后我们再针对各个部分或其他细节展开进一步的讨论。"

2. 继续说下去

如果你的发言被别人打断，你可以继续说下去，无须理会插话者。你要自信地继续说下去，并略微降低你的声调，这样一来，插话者为了能够听到你的声音，往往会选择停止说话；有时，也会有其他人站出来去阻止他们，并要求你重复发言。

3. 要求别人参与到谈话中来

如果有人在整个团队都在场的情况下不断插话，你就可以要求其他人也参与到谈话中。例如，你可以这么说："我们已经了解了某某的很多看法，不知道其他人对此有什么想法。"

4. 私下与插话者谈谈

如果插话者还没有意识到自己的所作所为有不当之处，你就有必要安排一次只有你们两个人的私下谈话。

告诉他你所观察到的情况，以及这样的情况持续了多长时间，并且一定要强调这件事对你所产生的影响。

有些事，换种说法可能会更有效

> 那些容易引起同事之间的矛盾和冲突的话，若是能换种说法，可能会更有效。

无论你是职场老人，还是职场新人，都可能因为不经意的一句话，让未来升职、加薪受到阻碍。话究竟要怎么说，才能为自己的形象加分呢？在有些事情上，如果你发现自己的沟通存在问题，下面的话不妨换种说法试试，也许效果会更好。

1. "完了，完了，这下麻烦大了！"

此言一出，必定会让听者觉得出了什么大事，最关键的是，还不是什么好事。事实上，你可能还没来得及跟别人详述具体情况，就已经让恐慌情绪在办公室里蔓延开来。若是能换种说法，比如："不巧，好像出了点状况。"是不是会更好一些呢？

2. "这个啊？我可不行，我处理不了。"

当领导把一个额外的任务交给你处理时，也许你会担心自己做不来，或者担心额外工作耽误了自己的工作进度，又可能是觉得上司偏袒，把没有人愿意承担的工作交给自己，很不公平。无论真实的情况如何，也不管你能否做好，千万不要一张口就表现出抵抗的情绪，否则，很容易让别人怀疑你的能力和诚意。这种情况下，不妨换个说法，比如："好的，我会马上就处理，有问题再跟您沟通。"作为下属，想要在职场成长得比别人快，努力是首要条件，但更重要的是，把握更多的学习机会。

3．"就他能耐，好像地球少了他，就不转了似的。"

同事之间相处久了，往往会忽略对方的优点，反倒对彼此身上的不足很敏感。其实，每个人都渴望自己的价值得到别人的认可，渴望得到别人的赞美。如果你能经常赞美同事，相信你的同事一定会感觉到你对他的重视，无形中增加对你的好感。而且与同事保持这种和睦的关系，也一定能温暖你的职场生活。上面的话若是换个说法，比如："××主意真多，这回可帮我们的大忙了。"是不是更能拉近彼此之间的距离呢？

4．"看在朋友的面子上，帮帮我！"

职场交情，多一分稍逊，少一分则不足，毕竟每个人都有自己的立场。于是，如何拿捏其中的分寸就显得至关重要。但是，要记住一点，独立是你要学会的第一件事情。所以，同事之间的合作固然很重要，但是也不要用交情做筹码。如果迫不得已要拜托同事帮忙，不妨试试这句屡试不爽的话："这回得靠你了，没你还真不行。"

5．"不知道，你问别人吧。"

工作中，偶尔帮同事做点事，是不可避免的，而且这也是建立和维护人际关系的一种途径。事实上，我们并不是总能抽出时间处理同事的问题，而且有些时候，你也不是什么问题都能解决。即便如此，你也不可以借此推脱，影响同事关系不说，还会破坏自己的形象。对于瞻前顾后的职场老好人来说，不妨拿这句话来救急："不好意思，我先思考一下，待会给你答复，好吗？"之后，你便可以先把自己手头的急事处理完，或是请教一下别人。

6．"请问你有什么意见？"

不是什么人都愿意告诉你他的想法，收获与诚意往往成正比。但是对于有些事情，若是非得征求同事的建议，不妨这么说："我很想知道你对此事的看法。"当然，同事眼中的好，在你这儿却未必。你要知道，毕竟同事不是你，不会和你感同身受，同事的只是建议，自己的才是主意。

7. "不就是这点事吗，有什么可大惊小怪的？"

职场中，我们经常会看到很多人在抵赖狡辩，或是为了推卸责任而指责别人，或是为了免受谴责而互相推诿。虽说暂时逃脱责罚，可以保持良好的自我形象，但是如果你只愿意接受赞赏而不愿承担责任的话，那么你永远也别指望能够加薪、升职。但凡事业有成的人，都会勇于直面自己的过失，敢于担当，一句非常诚恳的"不好意思，这是我的失误，幸亏没有造成大碍"反而会为自己加分。

8. "真笨，我都说过三遍了。"

很多时候，我们若是怀疑别人，并不能得到任何利益。相反，我们若是相信别人，往往能看到别人身上的闪光点。你要知道，信任别人才是最大的自信。所以，在职场上，如果遇到类似情景，不妨试试这句话："可能是我没有说清楚，再来一次准行。"

第九章

商务场合：沟通对了，事就成了

商务谈判，千万不要输在不会说话上

粗鲁地打电话，就会被冷酷地挂断

> 打电话绝对不是一件简单的事，它既是一门技术，又是一门艺术。善用其中的技巧，你也能够迅速成为电话沟通高手。

某天一早，L姑娘一手拎着包包，一手拿着咖啡，快步走向写字楼。这时，手机突然响了。她费力腾出手来接电话，心想："这么早，是谁给我打电话呢？"低头一看，电话那头竟然是她妈妈。

妈妈其实也没有什么急事，只是突然想起上周末体检完，医生交代要喝某某药，而家附近的药店又没有卖的，就立马拨通了女儿的电话。因为代买的药还不少，有的是中药，有的是西药，有的药名还是英文，L姑娘只好在路边半蹲下来赶紧找到笔和纸，记住妈妈的交代。

也许很多人不解，这位妈妈怎么这么不通情达理？难道就不能用短信的方式把药名发给L姑娘，或是直接把药盒子拍个照再传给女儿呢？

对于这些不解，这里暂且不做分析。只是从这位妈妈的角度来分析，身为妈妈，她当然可以在想打电话的时候就打电话。毕竟人上了年纪，记性不怎么好，在还没忘记之时，赶紧交代孩子该办的事，这也是老人家的特权。

但是话又说回来，如果是对待他人，就有必要培养一点接打电话的礼仪了。电话作为一种现代通信设备，是一种人与人沟通的工具。有的人接打电话时,无论是语气、声调,还是语言、措辞,都让人听起来十分舒服,而有的人则不然,粗声粗气、语言不雅,让人生厌。

有些人打电话时,常常粗鲁地不先问对方是否方便,就自顾自地开场了。也许对方正在开会、赶车、上课,你的做法不就是随便跟别人"借"时间说话吗?问一声"请问您现在方便讲电话吗",起码表示了我们对别人时间的重视。否则,你粗鲁地打给别人,只会换得对方冷酷的挂断。

可以说,打电话绝对不是一件简单的事,它既是一门技术,也是一门艺术。这里与大家分享一些打电话的技巧,可以让你迅速成为电话沟通高手:

(1)每个人的工作习惯、工作时间都各不相同。比如,给管理层的人打电话,最好把通话时间安排在上班后的半个小时之内,因为他们上班都很准时,半小时后参加会议、忙于处理其他事情的可能性比较大。为此,当你需要添加新客户的时候,最好在电话簿中加上一条备注,记下此人通常情况下方便接电话的时间。

(2)如果电话中有琐碎又必需的信息需要交代,例如地址、日期等,最好用短信来说。不得已要请对方用笔记下时,就要先问一声:"您方便找笔记一下吗?"要借用对方几分钟时,就要先问对方是否方便。

(3)做任何事情都要提前做足功课。打电话之前,最好把通话要点罗列在纸上。这样才可以确保接下来的沟通逻辑清晰,不至于遗漏重要信息。而仅靠随机应变通常很难做好。

(4)如果工作电话没有拨通,那么最好用手机给对方发个短信,简要说明一下事由,尤其是当你用公司的电话拨出去而对方又没接通的时候。

(5)接打电话时,一定要注意自己的语态。声音能够让人体会到你是冷漠的,还是热情的。因此,接打电话时态度要平和,面带微笑说话,语气就会温和得多。

把话说到客户心坎上，事情就已成功一半

> 人都是自恋的，所以沟通的最好办法，不是自己想说什么就说什么，而是在了解对方的想法后，再决定自己该说什么，又该怎样合理地传递自己的想法。

所有事情的第一步就是沟通，这也是开好头的基础。如果你所销售的产品或服务正是客户所需要的，那么在客户购买之前，就必须清楚地告知对方购买所带来的好处。若是这个基础没打好，后面的工作很可能都是无用功。

最近，A公司接了一个项目，而其中的硬件需要招标。一家大型外企相中了这个买卖，特意派了一名销售人员李先生来A公司做演示方案。

在A公司的负责人看来，李先生既然是外企的销售人员，那么他的素质应该很高，工作起来，给人的感觉应该会很专业。

的确，在这家外企内部，对所有销售人员的培训都是相当规范的，而且还有固定的演示流程。既然是给别人上课的人，规范是必要的。但是在具体的商务沟通中，若是过于中规中矩，难免会让客户觉得有些累赘。

不幸的是，这位李先生却像是在A公司办起了讲座。他从所在公司什么时候开始创业讲起，一直讲到目前公司的规模，以及现在又增加了什么新技术和产品，简直就是来给自家公司做广告了。

更令人费解的是,在这期间,李先生竟然还穿插了一些与项目无关的事,比如早上赶到公司,可以喝免费牛奶,等等。

李先生用了足足一个小时,讲了一些无关紧要的事。最后,A公司的项目负责人实在忍无可忍,打断了他。李先生最后只能用三十分钟介绍了跟这个项目相关的事情。

很显然,A公司对销售人员所在的公司没有信任上的问题,因为在此之前已经了解得非常清楚了。那么,对于这位销售人员而言,在解决了信任的难题后,必须要面对的一个关键问题就是:"我能为客户带来什么价值?"

可惜的是,很多销售人员往往不能直接给客户一个理由,告诉对方"为什么我的产品或服务是最适合你的"。如果你讲的东西,客户完全不感兴趣,说得再天花乱坠也没用。

谈话中,为了增进感情你可以侃侃而谈,但请一定要让对方明白:你能做到什么,你能给对方带来什么。我们常说沟通其实就是要学会换位思考,试图了解对方的想法,而不是去说服对方同意自己的想法,这样才能避免各执一词、互不相让。

人都是自恋的,所以沟通的最好办法,不是自己想说什么就说什么,而是在了解对方的想法后,再决定该说什么,又该怎样合理地传递自己的想法。

很多时候,信息的传递并不在于多,而在于准确。当双方都得到满足,就请及时结束谈话,再多的话不仅没有任何意义,还会让对方反感。说话恰到好处,没有一点多余,往往会给人一种舒服的感觉,这样的谈话也是令人印象深刻的。

站在对方的立场说话，拉近距离不再难

> 站在对方的立场说话，我们才能与人交流得顺畅，才能被别人认可。

有效沟通的核心，不在于结论是否正确，也不在于想法是否有个性，而在于能否站在他人的立场来考虑问题。

有一次，著名的人际关系学大师卡耐基租用了某饭店的大礼堂来讲课。没过多久，他突然接到通知，租金要增加三倍。为此，卡耐基决定去和饭店经理进行一下交涉。

卡耐基对经理说："我听说租金要增加三倍，如果我是你，我也会那样做。因为你是饭店经理，你的职责便是尽可能使饭店获利。"

紧接着，卡耐基又为这位经理算了一笔账："将礼堂用于举办舞会、晚会，在短时间内，可能会获得更多的盈利。但是你要知道，来听我讲课的人基本上都是各个企业的中层管理人员，而且他们也是你们饭店的潜在顾客，最重要的是，范围之广，人数之多，这可是你花五千美元也买不到的活广告啊！那么，经理先生，你认为怎样对贵饭店才更有利呢？"

经理一听，马上取消了增加租金的要求。

卡耐基并没就租金问题直接跟对方进行讨价还价，而是先站在对方的立场，

从经理的职责、饭店的长远盈利说起，这样一来，不但减轻了对方的敌对情绪，而且促使经理立刻收回了原定计划。

其实，这完全是人之常情。若是做个简单的换位，想必你也会有这样的疑问："我为什么要相信你的话？""你的经验跟我有什么关系？""你的建议对我有什么好处？"

所以，在一段对话中，你得站在对方的立场与其沟通。相反，若是像学术报告一样，反而会带来很多沟通上的障碍。

举一个例子，公司里某个女同事买了一件新衣服，乐滋滋地跑来跟你炫耀，情商高的人往往会顺口问一句："这衣服多少钱呀？看着很不错呢。"然后夸赞对方有眼光，样式选得好，衣服也高档，价格也合适。

可是，情商低的人很可能冒出这么一句："哎呀，我昨天在家附近的超市看见这个衣服了，正打折呢！便宜得很，你被人骗啦，买贵了。"说完还不好意思地吐一下舌头，说："你别生气啊，我这人你是知道的，没有什么坏心眼，就是性子直了点。"

我们常说一个人说话有涵养，其实是指在遇见问题时，能够控制好自己的情绪，首先站在别人的立场想问题。这样说出来的话，做出来的事，才可能圆满，而这样的人也容易被对方所接受。

很多时候，一个人见人爱的女人，并不是要做老好人取悦每一个人，而是能够尽量顾及大多数人的感受，把每一件事情都办得妥妥当当，把每一句话都说到对方心坎上。这样的人自然能交到更多的朋友，变成一个更受欢迎的人。

巧妙引导，让对方认为那是他的想法

> 如果你能把观点装到别人的脑袋里，就能把机会装到自己的口袋里。

我们每个人都喜欢按照自己的意愿去做事情，可是，很多时候，如果你不能得到领导或者客户的支持和信任，那么即使你的想法和解决方案再出色也没用。

当你的观点明明是正确的，却怎么也说服不了对方时，不妨在不知不觉中把这个想法装到对方的脑子里，让他产生兴趣，进而去探索。如果你能把观点装到别人的脑袋里，就能把机会装到自己的口袋里。

威廉是一家服装图样设计公司的销售，在他工作的前三年里，几乎每个周末他都会去纽约找某家公司的老板A先生。威廉说："虽然A先生每次都见我，但他从来没有买过我的图样。"

在经历了几百次的失败之后，威廉决定研究如何影响别人的行为，以及如何让别人接受他的设计理念。之后，威廉想出了一个方法。

威廉拿了几张设计师还没有完成的图样，来到了A先生的办公室，对他说："先生，我这里有几张没有完成的图样，请您告诉我，怎么才能让它符合您的要求？"

A先生仔细地看过图样后，缓缓地说："这样吧，你先把这几张图样放在我这里，我考虑一下，过几天，你再来找我。"

几天后，威廉又来到A先生那里把图样拿了回去，依照A先生的意思进行了修改。果然，A先生接受了他的设计图样。

自从这笔生意成交后，A先生又陆续订了十张图样，威廉就这样赚了一笔数额不小的佣金。

之后，当威廉说起自己的这段经历时，感慨地说："后来，我终于知道自己过去失败的原因了。因为我总是给客户我认为他需要的图样，却从未考虑过客户的真实想法。现在，我让客户提出他的意见，让他认为那些图样是他自己设计的。就算我不要求他买，他也会主动买的。"

很多时候，让别人去做他们不想做的事情往往很难。如果你想影响别人，让别人赞同你，就请遵循这条原则：让对方相信那是他们自己的想法。为此，你一定要有耐心，只要你慢慢做，你的想法就会很自然地出现在对方的头脑中。

很多时候，你对自己观点的表达，远没有别人替你说出来更有效。假如你想得到别人的赞同，你就要引导别人跟你拥有相同的观点，而不是硬生生地将自己的观点塞进别人的脑袋里。

异中求同，让你变被动为主动

> 很多时候，虽然每个人都有自己的立场，但是通常也仍然留有被引导的空间。学会异中求同，看似不需要的人也会买你的东西。

任何卖家都不可能满足客户的所有需求，这是销售市场的一个常识。如果你的产品或服务满足不了客户的某个需求，那么千万不要因此失去信心，或者陷入自己的产品或服务不能满足客户需求的思维框架，而是要主动寻找替代方案。很多时候，一个好的替代方案完全可以让你变被动为主动。

最近，Z小姐收到一张宴会请柬，上面特意标明：请穿正装。可是，打开自己的衣橱，Z小姐傻眼了，几乎没有一件是拿得出手的。

Z小姐情急之下，只好打电话询问了一位"万事通"闺密。当对方告诉她穿什么得体后，Z小姐立马走进了一家服装店。

刚一进门，她就直接跟店员说："我想买一件黑色带蕾丝的长袖洋装。"

"哦，您是要找黑色的洋装，对吗？"店员走到一排衣架前，取来一件黑色的洋装。

Z小姐看了一下，说："我要有带蕾丝的。"

"哦，带蕾丝的吗？"店员又走向另一排衣架，取来一件有亮片的黑色洋装。

Z小姐看了一眼，似乎觉得不错，但她还是提醒店员："这是有亮片的，有没有带蕾丝的？"店员无奈地说了一句："很抱歉！"但是转而又加了一句："可是我们有一条很好看的红色披肩！"

说着，店员把红色披肩拿过来，和洋装搭在一起，又说："你看，这么搭是不是很好看？冷的时候，就可以把披肩披上，不冷就不披。你皮肤又这么白，穿这种没有袖子的洋装一定特别好看！"

Z小姐被说动了，去试衣间试了一下，效果果然不错。结果，Z小姐买下了这件带亮片的黑色洋装，外加一条红色披肩。

Z小姐原本是来买黑色蕾丝洋装的，可是，当她提出"黑色""蕾丝""洋装"这三个条件时，店员却拿来一件黑色洋装，暂时忽略了"蕾丝"。

这位店员的做法是不是违背了Z小姐的意愿？其实，店员的做法还谈不上违背，只是有意引导Z小姐在每一个购物阶段的重点。

那么，店员为什么要这么做呢？很可能是因为她心里非常清楚店里没有任何一件衣服符合Z小姐的要求，但是聪明的店员是不会直接告诉客户"没有"的。

相反，她懂得倾听客户的要求，并且能够快速地把客户的要求拆分成不同的组合，再试着一步一步地在各种组合中找出一个客户可以接受的替代方案。

这其实就是异中求同的妙用，即打破原来对自己不利的形势，转而让自己的优势符合客户的需求，最终客户自然也就接受了你的替代方案。很多时候，当客户指名道姓要××品牌，而你又不能满足对方的需求时，就可以试试这个方法，推荐另外的品牌给客户。

每个人都有自己的立场，但通常也仍留有被引导的空间。如果勤加练习，渐渐地就能把对方一步步引导到双方可以达成共识的地方。

一开始就让对方说"是"

> 当你希望别人同意你的观点时,不要一开始就与对方争论,而是以双方都同意的观点作为开始。也许,你们的目标是相同的,不同的只是方法的运用。

在与人交谈的时候,很多人经常是一开口就谈论双方可能存在的分歧。其实,在谈话的开始,说一些对方认同的事情,往往能让对方忽略分歧,愿意接受你的意见。让我们先来看这样一个例子:

伯恩是某银行的一名职员,曾用让对方说"是"的技巧留住了一位顾客。

"那天上午,一位客户跟我说,请我帮他在银行开一个账户,"伯恩先生说,"于是,我递给他一些例行手续的表格,这位男子毫不犹豫地拿起笔在表格上填了起来。填着填着,他的表情很不对劲,看样子是对某些问题很不满意,似乎不大愿意继续下去。

"如果没有那些个人信息的话,我们是不会给客户开账户的。如果有哪位客户不懂这个程序,我也一定会详细地告诉他。事实上,在过去的很长一段时间内,我就是那么做的。那样做当然痛快,是在无形中告诉客户,在这里,我们说了算,这是银行的规定,是谁也不能改变的。但是,我后来却不再那么想了。一个来开账户的人希望在这里被尊重,这才是重点。

"于是,那天上午,我决定不再跟这位男子谈论银行的一些规定,而是换一种表达方式。因此,我对这位男子说:'你拒绝填的那些信息,并不是非填不可。可是,让我们做一个假设,在您去世的时候,银行是否有责任把这笔钱转到您的继承亲友那里呢?'

"男子做了肯定的回答。

"我又继续说:'如果我们事先已经知道您最亲近的人的名字,当遇到这种突发事件时,处理起来是不是很方便呢?这样我们就能迅速而准确地实现您的愿望,您对此是不是很满意呢?'

"男子又做了肯定的回答。

"就这样,这位顾客的态度一点点地改变了,因为他了解到银行会有这样的规定,不是为了别的,完全是为客户着想。"

不仅如此,那天上午,这位客户在办完开户业务后,还听了伯恩的建议,开了一个信托账户。他把妻子填为受益人,并且很配合地回答了所有关于他妻子的信息。

这是不是很神奇呢?很多时候,如果一开始就让对方说"是",往往会让他忽略争执,乐意接受我们的意见。因为当一个人说"是"的时候,身心会处于一种欢迎和开放的状态,容易接纳我们的意见。而当一个人说"不"的时候,他所表达的并不只是一个词,或许他的身心都处于一种抵触状态,抗拒接纳别人的观点,这似乎能使自己显得更重要。即便日后意识到自己的否定并不正确,但考虑到宝贵的自尊心,仍然要坚持己见,其实这完全是一种紧张的心理状态。

所以,当你希望别人同意你的意见时,或是在开始谈话时,不要一开始就与对方争论,而是先说一些对方认同的事情。无论你面对谁,如果对方在一开始就说"不"的话,你就要有足够的耐心,想办法来转变这个态度。换句话说,就是不断地让对方说"是",而不要让他说"不"。

在商务场合中,争辩往往是行不通的,只有从别人的角度来看待问题,让对方说"是"才会得到你想要的结果。

化缺点为优点，客户想拒绝你都难

> 在生活中，我们常常会遭到拒绝。一次又一次地被拒绝，才是你的勇气和进取心的最好证明。

每个人在这个世界上都有两重角色——买家和卖家。如果你是卖家，自然容易遭到一些拒绝。同样，如果你是买家，那你自然也会拒绝别人。拒绝别人，是很多人这辈子都绕不过去的一个坎。同样，被别人拒绝，也会让很多人觉得非常难堪。遗憾的是，一旦被拒绝后，很少有人能够冷静下来寻找解决问题的办法。

以销售这个工作为例，无论你多么努力，只有10%的客户愿意很快和你成交，至少有30%的客户不会和你成交，而剩下60%的客户就需要你运用正确的方法来争取。所以，当你果断地筛选掉不合格或根本不可能与你成交的客户以后，就要运用灵活的策略与技巧来应对不断给你制造麻烦的那60%的客户。其中，为了化解客户的抗拒，最重要的一条原则就是利用事物的两面性，化缺点为优点。

那么具体该怎么样做才能化缺点为优点呢？方法其实很多，比如当你的客户不停地抱怨"你的东西太贵了"的时候，你可以这么告诉他："是的，我们公司的产品的确偏贵，但是我们公司的产品是市面上最好的，只有真正好的产品才敢卖高价。您说，对不对？"

如果客户不屑地说："你们公司是小公司，我是不会跟你们做生意的。"这时，你可以这么说："是的，正因为我们是小公司，所以才格外重视这笔生意，才重视客户、在乎客户。"当客户只是看到某一面时，你要让他看到另一面。

这样的情景时有发生，不管作为哪一行的销售者，总免不了遭到客户的冷眼和拒绝。其实，天底下根本没有永远的拒绝，你只是暂时不被别人接受而已。下面就是一份清单，列出了关于拒绝的几条非常重要的法则，当你再次被别人拒绝时，就能以完全不同的方式应对了。

（1）现在拒绝你，并不代表永远拒绝你。

（2）不要害怕被拒绝，有时候这其实是对你的肯定和褒扬。

（3）拒绝更多地反映了拒绝者的个性，与被拒绝者无关。就算史蒂夫·乔布斯这种开发产品的天才，也会看错人，做错事。

（4）当你被别人拒绝时，不要先陷入沮丧情绪，而是应先问问"为什么"，谁知道之后会发生什么呢？

（5）当你被别人拒绝时，不妨用一个全新的方案再次吸引对方，而不是直接放弃。

（6）即使被拒绝，也要继续思考这个想法。当你把拒绝转化为动力时，事实自然会说话。

（7）如果你遭到对方的拒绝，不妨改进一下你的方案，设计一个更好、更实用的方案，再进一步陈述你的观点。若你的水平提升了，对方想拒绝都难。

（8）有些时候，拒绝很可能意味着这是一个非常规的、有创意的想法。

总之，有一天，当你不再害怕被别人拒绝时，这种态度会在你与他人的人际关系中放大，这也自然会为下一次的合作埋下伏笔。

说话要温柔，更要铿锵有力

> 在某些情况下，如果题外的客套话说得太多，对方反而会以为你是在拖延时间，甚至产生反感情绪，影响交谈的顺利进行。

在有些商业谈判场合，我们应直截了当地切入正题。但是，很多人在切入正题前，总是喜欢说一些烦琐冗长的托词，比如："我原来还认为……""我们也许可以……"殊不知，这样做的后果很可能是别人谈得热火朝天，而你却不知不觉丢掉了表达个人意见的机会，从而让自己的沟通效果大打折扣。

事实上，在你的头脑中早已储存了成千上万的词语，学会唤醒这些词语，让你的讲话听上去更有力，才是你当下最需要关注的。要知道，在某些情况下，如果题外的客套话说得太多，对方反而会以为你是在拖延时间，甚至产生反感情绪，影响交谈的顺利进行。而且很多时候，我们要学会巧妙运用言辞，并避免说一些毫无意义的话，才不会让自己变得被动。

其实，要想改掉这些不恰当的言辞并不难，只要灵活运用下面这些法则，你就可以从容自如地表达出自己想要表达的观点。

1. 用"而且"取代"但是"

很多时候，面对客户的某个想法，如果我们持赞成态度，沟通过程自然会比较顺畅，但是也不排除对方的观点有待斟酌、欠考虑的一面。在这种情况下，如果我们直言不讳地跟对方说："这个想法很好……但是你必须……"这样，被对方认可的可能性就会很低。

其实，这种时候，千万别急着全盘否定对方。不妨先表达出你对对方的赞赏，在肯定对方的同时，再说一个具体的方案或建议，比如："我觉得这个建议很好，而且，如果再稍微改动一下的话，或许会更好……"

2. 避免说"老实说"

但凡是在商务场合，就免不了要对各种各样的建议进行讨论。在某个开会的场合，如果你真心诚意地对一位同事说："老实说，我觉得……"那么，在别人看来，你都是在特意强调自己的诚意。尽管你是一个非常有诚意的人，但是为什么非要特别强调一下呢？与其如此，不妨直接说："我觉得，我们应该……"这样的沟通效果会更好。

3. 避免说"仅仅"

很多人在会议上提建议时都会这样说："这仅仅是我的一个建议。"想必此言一出，反而会让听者感觉你不够自信。不仅如此，就连你的想法、功劳包括你的价值都会大大贬值。相反，如果换成这样说："以上，就是我的建议。"效果就会大不一样。

4. 不说"错"，而说"不对"

在一次商务会谈中，你的一位同事因为粗心大意把一个设计方案给弄错了，正在向客户道歉。如果你恰好发现他犯了这个错误，而且无所顾忌地在客户面前数落起同事的失误来："这件事情是你的错，你必须承担责任。"你的这种做法只会引起对方的厌烦心理。虽然你这么做是想调和双方的矛盾，避免发生不必要的争执，但是非但没有处理好问题，反而会引发更大的问题。

为此，你不妨把自己的否定态度表述得再委婉一些，实事求是地说明你的理由。比如，你完全可以这样说："你这样做的确是有不对的地方，你最好能够为此承担责任。"

5. 避免说"本来……"

在一次商务会谈中，如果你和你的谈话对象在某件事情上各持己见，此时，你又轻描淡写地说了一句："我本来是持不同看法的，算了。"这种看似不起眼的言辞，非但不会点明你自己的立场，还会让你失去主动权。其实，你完全可以直截了当地说:"对此我有不同看法。"

6. 用"几点整"取代"几点左右"

在一次商务电话中,如果你对生意合作伙伴说:"我在这周末会再给您打一次电话。"想必此言一出,对方十有八九会想:他很可能并不想立刻决定。一旦对方有这种想法,那么你在对方心目中的形象就会大打折扣,而且对方会觉得你的工作态度不认真,不值得信任。

与生意上的伙伴进行电话沟通时,在有关时间的问题上,务必要讲清楚具体几点几分。因此,你最好这样说:"×先生,明天十点整,我再打电话给您。"

第十章

让你瞬间发光的当众讲话

会议、商务活动中的当众交谈技巧

在会议上自信的秘诀

> 有价值的工作往往可以通过小组讨论、专题讨论会,以及会场休息时的非正式交谈来完成。

开会,向来是职场生活的重要组成部分。一项调查结果表明,职场人士中,几乎六成的人每隔一天就要开一次会。关键是,有价值的工作往往可以通过小组讨论、专题讨论会,以及会场休息时的非正式交谈来完成。

然而,在大大小小的会议中,很多人却犯了难。众目睽睽之下,很多人常常担心自己的发言会语无伦次。一说到开会,他们就紧张得不行,之前准备的话也会忘得一干二净,发言没有重点,让人摸不着头绪。或许与这些尴尬相比,犹豫不决的表现更糟糕,特别是之前的失礼与愚蠢会让你瞬间变得极度胆小自卑。

其实,说错话、办错事原本就是人之常情,我们每个人都避免不了。即使你之前的很多发言不尽如人意,也请忘掉,尽量展现出敏锐、专心的一面,这会让你看起来更自信、更有能力,并且有利于你重新投入下一场会议。

当然,有很多细节是会议开始前以及会议过程中,你应该考虑到的,这样才能给公司领导以及与会人员留下一个良好的印象。

(1)领导发言时,适当予以回应。比如,积极地进行眼神交流,身体略微前倾,适当的时候点头表示你已经听懂了。在点头的同时,回应"对、是"

等，能够立刻拉近你与领导之间的距离，给对方留下一个好印象。这些通常是最难进行掩饰的语言，所以，你的态度一定要真诚。

（2）表达自己的观点，是会议中的重要技能之一。你可以观察哪些人的表达方式让你更愿意接受，哪种语气令人感觉不舒服，哪种反驳方式更有力度。学习身边的人，别人就能很快理解你的想法了。

（3）在会议上发言时，可以一边进行自己的阐述，一边注视其他听众，尤其是那些直接关系到你此项工作成败的主要听众。把自己和他们的关注点联系在一起，这样说不定会取得意想不到的效果。

（4）如果你想引起对方的注意，那就在全神贯注地聆听之后针对对方的主题提出一个问题，以此表示你很重视对方所讲的话。

（5）会场是很容易让人出错并难堪的公开场合。如果你真的出错，而你的反应是尴尬、惊恐，只会让你的无助更加引人注意。相反，你可以说："我不确定哪里出了问题，不过我保证这种事不会再发生。"或者说："我暂时不知道答案，不过我会研究一下，然后再回复大家，好吗？"你镇定处理的能力，反倒会给你的形象加分。

（6）在领导需要大家集思广益的时候，切不可沉默不语。否则，别人很可能会误以为你没有思考。尤其是职场新人，更要积极参与互动，表达自己的观点。即便观点很幼稚，甚至漏洞百出，你也要表达出来，这样大家才能了解你的错误在哪里，并帮你找到正确的方向。

会议上不懂讲话之道，难免会吃亏

> 会议室就像是跑马场，众目睽睽之下，每位参与者都能站在同一起跑线上，得到展示自己的公平机会。

开会，是许多人经常面对的工作场景。会议室就像是跑马场，众目睽睽之下，每位参与者都能站在同一起跑线上，得到展示自己的公平机会。

可是，并非所有人都能借此机会迅速提升自己的形象。比如，有的人在朋友面前口若悬河，在会议上发言却结结巴巴；有的人私下聊起工作常常是有条有理，开会时却讲得颠三倒四；有的人平时还会时不时地展现出小幽默，开会时却如临大敌、默不作声……那么，开会发言时如何才能更出彩呢？很多时候，若是不懂其中的规则，你无疑会吃很多亏。

1. 不要轻易把创意或想法透露给他人

在会议正式开始之前，你一定要控制住自己，不要急于谈论你在某个问题上的观点或解决方案。毕竟谁也不能保证你绞尽脑汁想到的创意或解决方案不会被听者拿走。

另外，也不排除有些人天生擅长融合两个观点，特别是当其中一个观点属于别人的时候。虽然这么做很不光彩，但是这些人偏偏能厚着脸皮在公开场合陈述"他们的"观点。可是，一旦某个观点在会议中被提出来，它就永远和提出它的人连在一起了。所以，不到关键时刻，最好不要把你的创意或想法随便告知他人。

2. 不要在会议前后抱怨

许多人喜欢抱怨会议的计划或安排，其实这对你没有一点帮助，还很容易被别人听到，给你贴上"不满现状"的标签。而且，与那些同样爱说这种话的人比起来，显得你更爱发牢骚。就算你忍不住怒火，也要等到远离与会人士之后再抱怨，至少不要在会议开始前或结束后抱怨。

3. 有理未必就能走遍天下

在会议上发言，切不可以为有理就能走遍天下。要知道，在开会这种场合，用什么样的方式表达才是最重要的。别人发言时，就算你再反对、再想辩驳，表面上也要保持冷静、不动声色。

4. 和谁聊天很关键

在会议开始前或会议结束后，大家都会处于相对放松的状态，这时恰好是你和平时不常接触的领导或同事接触、交谈的大好机会，所以，这种时候要尽量避免和熟人在一起闲聊。

会前会后会沟通，成功的机会成倍增

> 会议开始之前或结束之后的谈话，往往藏着不少的学问。

说到开会，很多人总觉得很简单，只要听领导发言，然后鼓掌就行了。其实，在会议开始之前或结束之后的谈话，藏着不少学问。

由于这种沟通场合很特殊，所以在会议开始之前，你可以只讲一些空泛的内容，直到会议正式开始为止。一般来说，此时的谈话一定要简短，不要深入地谈论某一个话题。可以聊一聊以下这些话题：

（1）最近发生的奇闻趣事。

（2）某本畅销书。

（3）最新的电影。

（4）艺术品。

（5）搞笑的娱乐节目。

（6）最近不具争议性的新闻。

（7）某个新软件的优点及缺点。

（8）太空旅行。

（9）比较流行的健身运动项目。

（10）和天气相关的话题。

不过，也不要低估了这些话题对其他人的影响。在这种情况下，但凡情商高的人，说话总是体贴得体，能够很好地控制自己的情绪，也能很好地照顾别人的情绪。他们善于了解他人的想法，特别是上司的想法。

另外，由于你不知道话题何时会认真起来，或是自己何时会被打断，所以一味地谈论你或别人的假期、你或别人的兴趣等话题都是不合适的。

当然，也并不是什么话都能说的。在会议开始前或是会议结束后，某些话题或许会使场面陷入尴尬，甚至使你和其他与会者都感觉不自在。下面这些话题，就是你应该从话题清单中坚决剔除的。

（1）抱怨工作或工作环境。

（2）公然吵着要加薪或升职。

（3）评论其他与会者的外表、行为、工作。

（4）机密的事情。

（5）与家人之间的矛盾。

（6）批评同事、管理高层。

（7）疾病。

（8）冗长的故事。

（9）低级的笑话。

（10）政治话题。

（11）宗教。

（12）公司的薪资结构。

完美避开会议中的尴尬情况

> 发言不是靠咄咄逼人获胜,一时口快也只能暂时占上风。很多时候,说话的语气比说话的内容还重要。

开会,是职场生活的一个重要组成部分。可是,在大大小小的会议上,总会潜伏着这样一些"杀手":他们总是表现得咄咄逼人,不顾及别人的面子;常常喜欢唱反调;在别人讲得好好的时候,生硬地打断人家的话。接下来,我们就教大家如何用一句话来化解会议中可能遇到的难题。

"会议杀手"的表现之一是咄咄逼人,最常见的做法就是声音盖过别人。几乎所有会议中都会有这种人,他们总想着主导讨论方向,甚至是掌控整场会议,却很少顾及其他与会者的感受。

发言不是靠咄咄逼人获胜,一时口快也只能暂时占上风。很多时候,说话的语气比说话的内容还重要。有时候,不是你说了什么惹怒了对方,而是你说话的语气让对方觉得不舒服。其实,说话之道,就是做人之道,这需要长期修行才能真正地内化。

对待这种说话咄咄逼人的人,你可以在会议前几天就把他叫进你的办公室,和他做一个简短的交流:"杰克,会上你一定有些话要说,不过我也想听听约翰会讲些什么。"很多时候,你的暗示很可能会对某人的行为产生影响。

如果这种情况发生得比较突然,你可以用间接的方式对某人这样说:"你有没有注意到米亚、汉斯在会议上很少讲话？我认为我们有必要鼓励他们多发表意见，你觉得呢？""你说，我们是不是应该设定一下每个人的发言时间，这样我们就可以听到那些从不开口的人的意见了。"

会议上，还有一类喜欢唱反调的"问题人物"，无论你提出什么方案，他们都会用"行不通"这三个字来回应。如果你是会议主持者的话，在会议刚开始时，就应该给他们定下规矩：任何唱反调者都必须在质疑的同时提出一个解决方案。当然，你也可以带那些一向喜欢唱反调的人去吃顿午饭，让他们在饭桌上发泄个够，然后尽可能在会议桌上达成一致。

另外，如果你的小组中有人喜欢插话，那么解决这个问题的最好办法就是单独约这个人进行一场简短的非正式交谈。如果在会议桌上，这个人仍然存在这种行为的话，你可以温和地说："××，你怎么又来了？"你的语气一定要很友善，当插话者觉得很尴尬时，自然不会再打断你了。当然，你也可以对那些总是催促别人把话讲完、没有耐心的人采用相同的策略。

说话多点调味，才更具说服力

> 你用比较有滋味的方式演讲，可能就会得到比较有滋味的反应。说话多点调味，别人自然会看到你的另一面，而你要传达的信息也会更有说服力。

英文里，说一个人很吸引人，或是某个八卦很值得大家聊一聊的时候，常常会用"非常可口多汁"来形容。联系到讲话，就是不要把话讲得很"干"，一点"汁儿"都没有，因为干巴巴的话语会让人想打瞌睡。

当别人问起你是做什么工作的时候，如果你一五一十地告诉对方"我是一名心脏外科医生"，很显然，这样的回答有点儿"干"。虽说简明易懂，但这种回答却没什么特色，而且很快就会被对方遗忘。

如果你这么答复："我会经常把别人的身体打开，为了让那个人多活两年。"暂且不管答复是否得体，单就"汁儿"来看，效果确实不错。相比回复给对方一个干巴巴的职务，后者留给对方的印象一定会格外深刻。不过，这种答复也要分场合，如果场合太严肃、很正式，就要酌情考虑了。

同样，在演讲这种场合，很多人常常会因为自己枯燥的表现而苦恼。为什么别人可以舌吐莲花，讲得非常生动，令人或捧腹或落泪，轮到自己，讲了半天，啰啰唆唆，也不知所云？

其实，很多时候，当你用呆板的方式演讲时，往往只会得到呆板的反应。但是，如果你用比较有滋味的方式演讲，就很可能会得到比较有滋味的反应。

说话多点调味，别人自然会看到你的另一面，而你要传达的信息也会更加有说服力。要想让我们的讲话有调味，就要做到以下几点：

（1）演讲时，要避免干巴巴地拿着稿子朗读，眼神交流和肢体语言都是优质演讲的重要组成部分。像很多优秀的演讲家那样，演讲时表情要丰富，言语间轻重缓急要有分寸，这种交流自然能带给别人更多的舒适感，给人留下深刻的印象。

（2）一个人在舞台上的语言表演要想做到收放自如，就要注重与台下观众的互动及随机应变的灵活性。就是说，要努力让听众高兴，让他们愿意且乐意听你说话。

（3）有一个有力的开头非常关键，因为它往往决定着整场演讲的成败。为拉近与听众之间的距离，你可以用一件奇闻趣事或是一段个人经历作为演讲的开头。

（4）练习，练习，再练习。无数次的练习是你成功的关键。面对镜子，反复录音、修改，才能让你的演讲更富有吸引力，从而让你更富有魅力。

总之，一场成功的演讲，演讲人所说的每一句话、所做的每一个手势、所走的每一步，都是经过精心设计的。

时刻保持激情，你的演讲也可以精彩绝伦

> 将激情注入演讲之中，演讲者将乐在其中。

在众多演讲成功的案例中，起决定作用的往往是演讲者的激情。从苏格拉底到罗伯斯庇尔，从马丁·路德·金到奥巴马，他们的演讲精彩绝伦，有些甚至影响了历史的进程。将激情注入演讲之中，演讲者将乐在其中。听众也总是容易被激情四射的演讲者吸引，且喜欢聚集在他们身边。

其实，在每个人的内心深处，都是富有激情的。演讲时，你的真情实感在一进场的瞬间就会流露出来。这是一种自然的流露，也是一种可以感染他人的流露。只不过在现实生活中，很少有机会能表现出来。而且，大多数人也不愿意将自己的感情当众流露出来。这也意味着，如果你能够将自身的情绪充分调动起来，听众的注意力就会被你牢牢地吸引，你也就掌握了开启听众心灵之门的钥匙。

那么，在一个大家都非常投入的氛围中，又该如何将激情激发出来，从而让自己变得有吸引力和号召力呢？具体应注意以下几点：

（1）演讲前要想方设法了解听众的需求。根据听众的兴趣来演讲，可以有效抓住受众，也可以使自己尽早进入演讲的角色，这是成功演说的关键。

（2）开场一定要与众不同，确切地说，一定要在开场时就能抓住听众的注意力。你可以用一则小故事或中外历史上有影响的事件开场，也可以在讲话

之前，展示一件物品，这会让在座的听众挺直身子，忍不住猜想：他要表演魔术吗？无形中，你就激起了听众的好奇心。

（3）对你的演讲题目一定要有深刻的感受。试想一下，如果你对自己的演讲题目都没有特别的偏爱，那么如何让听众相信你呢？其实，要让人们对你演讲的题目感兴趣，方法很简单：只要你自己对演讲的题目与内容拥有满腔热情，并充满热情地谈论它，就不愁无法激发听众的兴趣了。

（4）要用自己的真实感受来描述。你将自己的感受描述得越清楚，就越能生动地表达自己的内心情感，而这种切身感受会使你的讲述更加明确，表达效果也更佳。

（5）当你走上演讲台时，一定要让听众感受到你谈论这件事的强烈愿望："我现在就要给听众讲一些有价值的事情。"如果你表现出热情，你就会拥有热情，而听众也就很容易被你内心的热情所感染。

（6）结束语的重要性更是不言而喻，精彩的结束语好比与人话别，能促人深思，赢得听众感情上的共鸣。

当众讲话并非多么困难的事，你需要做的只是保持轻松、乐观的心态，并热情洋溢、倾力投入。这种心态将引领你体会当众讲话的快乐，并最终走向成功。

完美收尾，给听众不一样的回味

> 如果你尊重你的听众，演讲从头到尾都会很有意思，那么你就能更容易地使他们记住你所说的内容，以及你希望他们做的事情。

一场好的演讲就像是一出好戏、一首好歌、一本好书，开始时能吸引听众的注意，中间一步步地展开，最后是一个强有力的结尾。和整场演讲的其他部分比起来，结尾时的话如果说得好就能给听众留下深刻而美好的回忆。下面所列的方法可以漂亮地结束演讲，把你的演讲要点深深地印在听众的脑海中。

（1）为了确保演讲结尾有一个震撼的效果，就要字斟句酌地认真准备结束语，这样听众的印象才会深刻，听了之后才能有所行动。

（2）不论最后说什么，都要让听众知道你希望他们听完演讲后做些什么，这一点非常重要。在接近结论的时候，说话要强而有力，突出重点。

（3）我们总是喜欢把听过的事情做个总结，所以，临近演讲结尾时，你可以这么说："请允许我简单地重复一下今天所讲的重点……"然后，逐一列举出演讲中提到的几个关键词，并让听众明白这些要点之间的联系。

（4）如果你的演讲需要营造出一种欢乐愉快、热情洋溢的气氛，不妨用幽默的方式结尾。当然，在结束演讲时，你的语言一定要自然、真实，而不是矫揉造作、装腔作势，否则会引起听众的反感。

（5）演讲快要结束时，一个简短而意味深长的故事，会让听众对你的演讲回味无穷。切记：不要把寓意留给听众自己去猜。

（6）人们都喜欢受到激励，得到启迪。所以，不妨用富有启迪性的话语来收尾，而一首鼓励的诗或是一句励志的名言往往能够让听众获得力量和勇气。

（7）如果你的演讲已经收尾，就要确保自己安静地站在那里，切不可说"这就是我今天演讲的内容，谢谢大家"之类的话，也不可做与结束演讲无关的事，比如收拾演讲稿，摆弄衣服或麦克风，前后左右晃动，或是干脆做别的事情。

当然，结束演讲的方法也并非仅限于此，可以随着时间、地点、听众的变化而改变。究竟运用什么方法，由演讲者随机决定。若是生搬硬套某种方法，只会适得其反。

第十一章

好好说话，增进亲情与友情

如何与家人、朋友开心畅聊

请温柔地和家人聊聊天

> 你怎样对待客户、老板或陌生人，就以同样的态度对待家人吧。

在日常生活中，我们都有这样的经历：同一件事，对陌生人往往彬彬有礼，对家人却任性无礼；同样一句话，对陌生人可以心平气和地说出来，对家人却歇斯底里起来。在对我们施爱最多、关怀最多的家人面前，我们常常把耐心与温柔给屏蔽掉了。

乍一看这个标题，很多人都会纳闷：与家人聊天这么简单的事，谁不会？然而，现实生活中，会不会与家人聊天往往不是能力的问题，而是习惯的问题。

一个女同事讲话极温柔，尤其是遇到急事时，大家都像热锅上的蚂蚁，各个面红耳赤，说话又急又冲，唯有她，始终温和柔顺。

后来，大家无意中听到这位女同事接家人打来的电话，话语里夹杂着各种指责、埋怨、不耐烦，还打断家人的讲话，像变了一个人似的。

可是，当她放下电话后，又恢复了接电话前的那副神态：沉静、安宁、温婉。同事们无不吃惊于她的"假面"，以及她面孔转换之迅速。

如今，很多家庭都深受这个问题的困扰：家人之间越来越缺乏沟通。当我们跟很久才见一次面的同学、朋友在一起时，很容易就可以让聊天气氛热闹起来，但是一回到家里，就会发现话题严重匮乏，而且聊天的兴致大减。

正如这位女同事一样，对待同事总是客客气气，但一踏进家门，就会收起笑脸与温柔的话语。也许这才是她在生活中最真实的一面，而她也已经习惯在公众场合为自己戴上温柔的面具。时间久了，大家就会以为那才是真实的她，她也应该是那个样子。事实上，大家都被她的假面具给迷惑了。

很多时候，我们的察言观色好像都是留给外人的，我们对待其他人的态度比下班后对待家人的态度都要好。

面对至亲至爱的家人，我们为什么不能有话好好说？究其原因，是家人的包容让我们太放肆，而且我们自己并没有意识到这一点。很多时候，家人会出于爱的本能而包容我们，而我们却无限放大自己的任性、挑剔、抱怨。结果，家人对我们的那份爱永远不会变质，而被家人原谅也就成了唯一的结果。

试想一下，倘若有一天，家人离我们而去，这世间独一无二的爱就再也找不回来了。那一刻，我们的心该有多痛？在这样一个能给予心灵安全感的环境里，我们很容易忘记怎样好好说话，以致常常对家人使用嘲讽、歪曲、贬低的语言。

从现在开始，在珍贵的相处时光里，就请对你的家人温柔讲话，哪怕给予小小的赞美，摸摸头或拍拍肩膀都是极好的肯定与关爱。与此同时，一定要收回粗暴的态度以及不客气地指责、怨怼等放肆言行。记住：唯有温柔地相处、温柔地讲话，才是与家人之间最恰当有力的表达爱的方式。

把对方看在眼里，放在心上

> 鼓励对方谈论他们自己，这是让对方喜欢你的方式之一。

卡耐基在《人性的弱点》中说过："鼓励对方谈论他们自己，这是让对方喜欢你的方式之一。"让对方说出他想说的事，对方自然会心情愉悦。更重要的是，当对方感受到你是真心愿意听他想说的话时，便会感到满足，然后才会有余力听你说话。那么，和家人、朋友相处时，又该如何让对方说他们想说的话呢？

比如，可以聊聊和对方生活有关的问题，但是千万不要像个记者一样刨根问底。以一句简单的"你最近都在做些什么"或"最近过得如何"开头，然后你只需认真聆听就足以展开对话了。

如果对方的回复是"哦，没做什么"或"还可以吧"，那就把话题缩小到具体的事情上。比如，你可以这样问："你的司法考试准备得怎么样？""你是不是计划要买二手车？"

当然，与家人、朋友在一起聊天时，我们一定要避免长篇大论地谈论自己的事，而是应该尽量做到以对方为中心，跟着对方的思路走，并且留意他们的感受，是快乐、满足、舒畅，还是忧虑、难过、生气、不舒服。然后，再继续聊天。

想要同家人、朋友更好地交流，就要把对方看在眼里，放在心上，根据你所察觉到的感受，对家人和朋友做出适当的反应。当然，这并不是说你也要变得忧心忡忡、闷闷不乐，而是说如果对方心事重重的话，你就要避免谈到你最近经历的有趣的事情。

此外，最好和家人、朋友聊聊他们的生活中发生了什么事，然后观察他们的情绪，并试图帮助他们找出这种情绪产生的原因。如果家人、朋友因为某件好事而心情大好，就算你并非很快乐，也要学会分享他们的喜悦。

富有情感的沟通能打破与家人间的隔阂

> 在亲密关系中，重要的是分享彼此的内在感受，避免误会。

生活中，我们每天都要经历很多事，重要的与琐碎的，而且正是分享那些琐碎的事有助于建立人与人之间的联系。从心理学上来说，当你分享你的感受时，别人往往也会分享他们的感受。

可是，在很多亲密关系中，我们常常自以为已经非常了解对方了，彼此之间却缺少亲近的感觉，这是因为我们没有分享彼此的内在感受，所以并不亲密，也不会觉得亲近。很多时候，当人们不再愿意吐露真正的感受时，这段关系自然也就毫无生气了。

从某种意义上说，沟通就是与他人分享感受。如果一个人只在乎自己的感受，而不留意别人的感受，家庭关系就会变得紧张，甚至不再完整和圆满。

在别人眼里，芷歆有一个令人羡慕的家庭，也是一个幸福的女人。但是她的日子却过得非常矛盾与痛苦。

芷歆和婆家的矛盾很深，她始终觉得在婆家没有安全感，以至于发誓有生之年绝不去婆家。有了儿子以后，她也不让丈夫把儿子带回婆家，甚至连爷爷奶奶想看孙子也不同意。

为此，她和丈夫经常争吵，甚至一两个星期互不说话。到最后，都是以丈夫主动和好而告终。平日里，两个人谁都不能提到婆家的事情，一提就会大吵一架，最后甚至闹到离婚的地步。

亲密，其实就是彼此分享感受。故事中这位女性的问题就出在她只顾着满足自己的需要，而不顾满足他人的需要。她只在乎自己的感受，而没有在乎爱人的感受、儿子的感受、公公婆婆的感受。

一个人讲话时，如果总是强调自己的对与错，那么彼此的关系就开始对立了。沟通过程中一定要保持分享的心态，而不是操控和管制对方，这样的沟通才是有效的。

比如，你是个忙碌的妈妈，但是你会在一个固定的时间段，把手头上的事情都放下，与孩子一同玩拼图、打闹，给孩子讲故事，与孩子一起分享生活中的感受，认真地倾听孩子诉说。坚持这种陪伴，你的孩子一定会给你一个大大的微笑，以表示他的满足。要相信，孩子完全能体会到你的用心和真诚。

当然，这并不是要求你分享自己所有的感受，也不是要求你无时无刻都这么做，而是你自己心里要清楚，家人、朋友就在那儿支持你，如果他们知道你发生了什么事，可以给你提供最大的支持和帮助。

另外，也不是非要等到有大事发生时，才跟家人、朋友谈话。每天都坚持与家人、朋友分享你的感受，才能拉近彼此之间的距离。如果你实在想不出可以聊的话题，那就从过去的事情中找。很多时候，谈一谈共同拥有的回忆，往往会更令人印象深刻。请记住，在亲密关系中，知道分享感受的意义，避免误会才是重要的。很多时候，亲友之间最美妙的聊天，莫过于在"你一言，我一语"的氛围中交心。

与亲近的人该聊点什么

> 善待家人和朋友，就要多与他们沟通；爱家人和朋友，就要把耐心留给他们。

有些人与家人、朋友在一起时，话题总是源源不绝，他们脑子里的话题似乎永远不会干涸。不过，这种善于言谈的人毕竟还是少数。很多时候，越是亲近的关系反而越会麻痹我们进行良好对话的感觉神经，这时我们就得花一点心思，寻找可以和对方分享的想法或探讨的话题。

那么，何时聊天，聊些什么内容比较好呢？建议大家不妨在吃饭的时候和家人聊聊天，而且尽量聊一些轻松的话题。一来，吃饭的时候，每个人的心情都处于放松状态，也愿意说话；二来，此时聊一些比较轻松的话题，如邻里间的事情、明星的八卦新闻，也有利于聊天话题的深入展开。

如果你实在想不到什么新鲜事来说，不妨试试下面这些话题，也能将聊天进行下去。

（1）你或家人最近刚买的东西，比如手机、跑步机、衣服等。

（2）书籍，可以是最近刚看的，也可以是看过不止一次的，或是从小就非常喜欢的。

（3）居住环境的变化。

（4）当前的兴趣，比如吉他、钢琴、魔术等。

（5）园艺——如果你们双方都有兴趣的话。

（6）你特别喜欢的事物：餐厅、食物、小玩意儿等。

（7）彼此都有兴趣的话题：房产、周边游、最新上映的电影等。

（8）正在准备的食物，最喜欢的食谱。

（9）下周、下个月，甚至是未来几年的计划。

（10）你或家人都观看过的比赛或电视节目。

（11）你们双方都感兴趣的时事新闻。

（12）最近让你们都觉得好笑的事。

（13）居住地的天气，以及它给你们带来的影响。

当然，也有一些话题最好要避免谈及，例如，建议对方应该做什么、吹牛或贬损其他人，批评家人或朋友，追问家人或朋友赚多少钱，其他人的感情生活，让其他人感觉不舒服的个人问题及真相，一些非常低级的笑话，等等。

另外，当你的朋友向你倾诉工作上的事情时，请不要随意打断，最好听其一次性说完。虽说有时听到这种事情，你会觉得烦躁，但是如果对方发牢骚了，最好的做法仍是倾听和沟通。善待家人和朋友，就要多与他们沟通；爱家人和朋友，就要把耐心留给他们。

多问问题，打开亲友的话匣子

> 事实上，提问比回答更能体现一个人的能力。

先来问问大家，当你的家人或朋友回答完你的问题后，接下来你会怎么继续对话，是比较喜欢问"还有呢"，还是喜欢问"还有吗"？

也许有人会说："这有什么区别吗？"

"还有吗"属于封闭式问题，当对方听到"还有呢"的时候，往往会下意识地回答"没什么了"，话题就这样悄无声息地结束了。

而"还有呢"则属于开放式问题，当对方听到"还有呢"时，就会不自觉地主动联想起来，进而多聊一聊自己的想法，双方的话题也就能继续聊下去了。

的确，良好的沟通无不是从打开对方的话匣子开始的。当你和某人的聊天难以继续下去时，为了鼓励对方思考和继续话题，你可以问对方"要是……会怎么样"这样的问题。假如这个人是你已经认识了好几年的朋友，更能激发其继续聊下去的热情。比如：

"要是你明天有一百万元，你会拿来做什么？"

"要是你可以过另一种生活，你想变成谁？"

"要是你可以许三个愿望，你会许什么？"

"要是你有一张可以飞往世界任何地方的机票，你想去哪里？"

"要是你可以改变你过去做过的一件事，那会是什么？"

"要是可以预知未来，你最想知道什么？"

"要是你现在可以买一样东西，那会是什么？"

可以说，提问比回答更能体现一个人的能力。比如，你去听某个讲座，在观众提问环节问了一个非常有水准的问题，那么你就能引起主讲人的关注，也会让对方觉得你是知音，有想法，有见识。

另外，还有一类可以引人深思、富有想象力的问题，你也不妨一试，相信足以引来有趣的对话。比如：

"你未来几个月有度假计划吗？"

"你的父亲或母亲有没有对你说过让你这些年来难以忘怀的话？"

"你相信手相、占星术、算命吗？"

"你是怎么对攀岩产生兴趣的？"

"如果让你给大学毕业生一点建议，你会说什么？"

"这部电影让你想起了什么？"

"你最喜欢在下雪天做什么？"

"你对你的家乡最深刻的印象是什么？"

"究竟是什么原因让你想当个调酒师？"

"你能想到最无聊的情境是什么？"

"你是怎么开始搜集字画的？"

亲人之间，道歉也要走心

▶ 一个好的道歉就是治疗关系裂痕的金创药。

生活中，每天都会有不愉快的事情发生，可能是你和父母在某件事情上意见不合而发生争执，也可能是你一时口快，说错话得罪了朋友。无论是双方发生了争执，还是产生坏情绪，你都要懂得真诚道歉的诸多用途及好处。

要知道，道歉做得好，是可以增进感情的。在面对家人及朋友时，它往往是帮你增进亲密关系的工具之一。

玛丽和杰克是一对情侣。有一次，玛丽不小心打碎了杰克摆在书柜上的一个雕像。不巧的是，这个雕像是杰克的一位已故挚友送给他的纪念品。

玛丽的第一反应就是，把所有证据都藏起来，以避开杰克的责难。但是她又觉得自己似乎应该老老实实地向杰克说清楚，或许自己真挚的道歉会让这个意外大化小，小化了。但是，她又对自己说："这样的道歉态度对两个人的关系大概不会有什么好处。"

犹豫再三之后，玛丽觉得自己应该鼓起勇气说出真相。于是她走到杰克面前，真诚地看着对方的眼睛，说："亲爱的，真的很抱歉，是我不小心打碎了你的雕像。我知道它对你来说有多重要，我感到非常抱歉。我也明白，失去了这样一个珍贵的东西多么让人苦恼。我可以为你做任何事来补偿你，请告诉我吧。如果你很生气我也完全理解，真的对不起。"

可以说，这算得上是一个好的道歉。知道自己做错了什么，对给对方造成的伤害感到抱歉，并且提出补偿。做好这些，可以帮助你提升自己的价值，并促进你与亲人的感情关系。

有时候，道歉也是一件困难的事。如果你曾经收到一个不走心的道歉，你就知道这种感觉究竟有多让人泄气了。比如："很抱歉，让你不开心了。"这事实上是在责备对方有这样不好的情绪。再比如："我做错什么了啊？""为什么我要认错道歉啊？"这类话表明自己委屈的话，只会加深裂痕。若是坏脾气地抛给对方一句："对不起！我说对不起！"这种糟糕的道歉方式也是很难修补裂痕的。

如果你真心想要恢复你们之间的关系，可以试试下面的几种道歉方式：

"你说得对，我不太顾及别人的感受。"

"其实，看到你不开心，我心里也不好受，挺难过的。"

"我太不为别人着想了。"

"希望你可以原谅我。"

"要是我，我也会生气的。"

"我保证，不会再发生这种事了。"

"我这么做真是愚蠢至极。"

"你说得没错，我太自私了，是我不对。"

总之，当你做错了事情，对别人造成伤害时，学会如何好好道歉是非常重要的。更重要的是，关心受害一方的情绪，也有助于培养彼此之间的爱与信任。

想让孩子听话，父母得先学会说话

尽管很多父母几乎每天都跟孩子生活在一起，但是很多父母并不知道亲子沟通的正确方式。这一切，只是因为做家长的从来没有真正走进孩子的内心世界，根本不明白孩子究竟在想什么。

比如，很多家长原本只是想跟孩子聊聊天，结果呢？往往变成了说教。

家长："今天在学校过得怎么样啊？"
孩子："今天学了好多新东西呢。"
家长："学新知识就对了，要多学知识，不然以后就只能干体力活。"
孩子：……

家长："今天过得开心吗？"
孩子："嗯，今天认识了一个新朋友，我们特别聊得来。"
家长："交朋友可以，但不能经常一起玩啊，先把学习搞好了再说。"
孩子：……

看吧，无论家长跟孩子聊什么，似乎都能聊到学习上。其实孩子心里只是想跟大人分享一下他的生活，最后却以无语收场。事实上，很多时候，如果家长能够真心地和孩子好好交流一下，他们跟你聊的话题或许有好多。那么，父母和孩子说话时，究竟该注意哪些方面的问题呢？

1. 学会倾听

这里的倾听并不是指家长闭着嘴巴，干巴巴地坐在那里听孩子一个人说，而是说沟通时一定要有互动，哪怕你一个肯定和赞赏的眼神，孩子也会饶有兴致地和你畅聊下去。

2. 放低姿态和孩子聊天

在人格上，父母和孩子是平等的。家长应该学会放低姿态和孩子说话，在思想上与孩子平等地交流。这样孩子才会有被尊敬的感觉，也才会有聊天和诉说的欲望。

3. 挑好时间

聊天也不是随时随地就能聊得起来的。如果孩子正投入地看着动画片，家长突然凑过来，换位思考一下，没有人愿意被打扰，结果肯定是敷衍了事。所以，与孩子聊天，也要尽量选在大家都心平气和，而且没有什么要紧事的时候。如果家长确实有要紧的事找孩子谈，那就让孩子先停下手头的事情，认认真真地聊天。

4. 多用简单词语，通俗易懂

有些父母为了让孩子多学东西，讲很多书面用语。其实，这完全忽略了孩子的理解能力，只会使他们很难听懂。所以，父母平时和孩子讲话的时候，可以先从简单的词语开始，并且多用肯定语气。要记住，你面对的是孩子，所以需要站在孩子的角度去看待问题。

5. 就事论事，不要啰唆

有些孩子有丢三落四的毛病，或是没写完作业就去看动画片，遇到这些情况，很多父母经常挂在嘴边的口头禅就是"我给你说过多少次了……""你就不能先……再……"，而且只要一说起来，就会翻旧账，接二连三地说出孩子做的好多不合规矩的事。

当父母说一堆话的时候，孩子往往很难抓住父母说话的重点，不知道是该做自己的事，还是先让父母消气。这种情况下，父母说得越多，孩子左耳进、右耳出的可能性就越大。其实，父母不妨试着要求孩子只做一件事，简单明了地指明具体目标和任务就可以了。这样孩子才会明白自己该做什么。

6. 少用复杂句式、推理句式

面对不照父母意思做事的孩子,父母常常会用"如果……就……"的句式。比如:"如果你不吃饭,我下午就不带你出去玩。""如果你不乖乖睡觉,我就不给你好吃的。"其实,小孩子是很难听得懂这种因果推理句式的真正意思的,而且心里还会有被控制威胁的感觉,结果只会让你们的亲子沟通效果变得更糟糕。

学会聆听，让你们的关系更亲密

> 将注意力集中在别人谈话的内容上，给予对方一个畅所欲言的空间，你认真、耐心地聆听就是最好的教养。

沟通，就是要懂得如何说、怎样听，但最重要的还是聆听。上帝给了我们两只耳朵、一个嘴巴，就是让我们多听少说。尤其是家庭里的亲密关系，更需要静下心来，用心聆听到对方的声音。你要记住一点：跟你谈话的人对他自己的问题要比对你的问题感兴趣千百倍。

然而，大多时候，我们总是将关注点放在自己身上，只顾表达自己的观点而忽略了对方的感受。我们所谓的沟通只是你说你的，我谈我的，每个人总想将自己的想法传达给另一方，要求对方接受自己的想法。

虽说你有说话的权利，可是别人也有。双方要进行沟通，就得不停地交换说者与听者的角色。双方都能畅所欲言了，才能坐下来好好地说说话，将双方的分歧降到最小。

试想一个家庭中，丈夫有很多话想跟妻子说，而妻子却完全不感兴趣，并表现出一副漠然的样子。丈夫在表达的过程中就会不知不觉地提高自己的音量，希望得到妻子的关注，而妻子还是没有给予任何的回应。这种冷漠的态度就很容易把丈夫激怒，那么争吵也就不可避免。

或许丈夫只是希望妻子做一个倾听者，理解他的处境就可以了。因此，在和亲人聊天时，我们应将注意力集中在对方谈话的内容上，给予对方畅所欲言的空间。永远记住：你认真、耐心地聆听就是最好的教养。

特别是当亲人正在告诉你他们的问题时，不要急于提供解决方法或者建议，用心聆听更有可能帮助他们解决问题。除非对方真心、不断地询问，你才可以提供解决方法或建议。

第十二章

甜言蜜语，让相爱的人幸福一生

两性沟通的微妙学问

不想结束谈话，就要说让人接得下去的话

> 当你遇上完全不想接的话题时，不妨轻巧地把对方热衷的话题转移到一个生活化的话题上。

初次约会，聊什么话题好？如果见面之前，两个人已经通过电话等方式有了较多的沟通，就不存在这个问题，只要彼此有交流的意愿，总能找到都感兴趣的话题。但如果之前除了简单介绍，几乎没有任何沟通，那约会的话题就很关键。这能决定初次约会的成败。

阿超很喜欢看篮球赛，他和美美约会的时候正值 NBA 赛事。

初次约会，阿超对美美聊起了他最爱看的篮球赛："每次只要有湖人队，我跟朋友就一定赌湖人队赢！"

可是，对 NBA 一点兴趣都没有的美美，无论听到什么，都是一脸问号。

最令阿超不可思议的是，聊着聊着，美美竟然冒出"喔，我觉得篮球最无聊了"这么一句话。就是这一句话，让阿超的心凉了半截。

要知道，美美可是阿超眼中的女神啊，而美美对阿超的印象也一直很好。就因为这么简单的一句话，阿超和美美的约会也没了下文。

很多时候，聊天并不会有事前讨论，而是与同在一个场合的人，在当下的

气氛中进行，至于接下来会聊到什么话题也是不可预知的。所以，对于聊天的任何一方来说，要想跟上所有话题也是不可能的。

如果例子中的美美也很爱看篮球比赛，那当然就没问题了。可是，如果像美美一样，对对方谈论的话题不感兴趣，又该怎么办呢？那就先当个听众，然后，尽可能地从对方的话题中找出能加以生发、扩散的点，再顺着这个点，试着回应。也就是说，要出让一部分主动权，让对方谈谈自己感兴趣的话题。

比如当你对篮球完全没有兴趣，或是压根就不想听男生继续谈论篮球的话，不妨这么接话：

"那你一定常常熬夜看球赛啰？"接下来，就能聊一聊他的生活作息。

"那你看球赛的时候，你以前的女朋友是不是也不会抱怨啊？"这可是深挖男友情史的好机会。不过，这么问难免会有风险。如果是初次约会，这可是不好拿捏的敏感话题。

总之，当你遇上完全不想接的话题时，不妨轻巧地把对方热衷的话题转移到一个生活化的话题上。如果你的回应能够激起对方想说更多的话，想告诉你更多的事，你们就能聊得更多、更广。

保持神秘，避免向对方过多兜售自己

> 永远有所保留，永远有所更新，这就给了别人空间去发挥想象。

我们常会听到这样的话："亲密关系中，两个人应该彼此保留神秘感，这样才会一直有探索的欲望，才会一直有吸引力。"不可否认，在一段亲密关系的开始，神秘感还是很有吸引力的。因为人人都有好奇心，对自己不甚了解或是根本不了解的东西，都有一种非要把它弄个明白的冲动。

但是，在这个越来越开放的时代，想要增加自己的神秘感似乎并不是一件容易的事。如果你的眼前恰好坐着一位刚认识不久的朋友，你很可能会非常急切地想知道更多有关对方的事情，而且自己每次说话时，又会习惯性地加上一个"我"，例如"我这样""我那样""我去年""我明年""我昨天""我今天"……

虽然这是人之常情，但是那些经常把"我"字挂在嘴边的人，不免让人觉得"这个人太自我了"，而且对方一旦了解了你的全部事情，对你的兴趣也会急速冷却。相反，一个总能保持神秘感的女人，往往能引起异性一探究竟的兴趣。毕竟每个男人都有一种好奇心，越是不了解的事物，越想弄明白。

所以，为了不让别人对自己生厌，在恋爱期间不妨试着把"我"字吞回去。这么做并非只是为了防止你变成一个以自我为中心的人，还有一个很重要的目的，那就是维持你的神秘感。

为什么很多女神一旦被钟情的男子娶回家,一年半载后,就失去吸引力了?因为女神的神秘感在一步一步地消失,再也不会令人有想窥探的想法,再也不会给人忐忑不安的感觉。

谈公事的时候,我们一直强调,你的表述一定要清楚再清楚,力求达成相互了解与合作。但是初次见面的男女聊天的时候,在言语上不妨多一点保留。

在你事无巨细地报出自己的身家背景、薪水嗜好后,对方对你还能有什么好奇心?还有什么动力想要再进一步了解你?在这种负面心理的影响下,对方对你的兴趣便会骤减。

相反,在第一次见面时,就有所保留,只说个大概,反而能给对方留下神秘感,期待与你的下次见面。日后再次见面时,你可以有意无意地提起最近看了什么书、听了什么音乐,让对方始终感觉你一直在进步,这就给了对方发挥想象的空间。

其实,很多如你一样的女子,或许并没有想象中的魅力,但是她们懂得保持距离、保持未知、保持某种程度的神秘。所以,别人一眼望去时,她们才不会和其他女人一样,别人对她们的探索欲望也会在第一时间升至顶点。

软语呢喃，远胜咄咄逼人

> 婚姻失败的很大一部分原因都与强迫性的语言有关。

人们常说，家和万事兴。然而，恰恰是这个"和"，在很多家庭里却成了一种奢望。无论你结婚多少年，总能发现在夫妻关系里，各种原因引起的冲突常常让你头痛不已。

生活中，有不少妻子或丈夫喜欢对自己的另一半使用强迫性的语言。他们总是习惯指使自己亲密的爱人"你该怎么做""你该怎么说"或者"你不应该这么想"。不妨想想看，我们大多数人面对客户、上司、同事时，都会表现得小心翼翼，生怕说错一个字，但是面对自己亲密的爱人时却大吼大叫，像一头发疯的狮子一样。

强迫性的语言似乎无时无刻不在上演。桃乐丝·卡耐基曾经评论说，有半数以上的婚姻都是失败的。依她看来，婚姻失败的很大一部分原因都与强迫性的语言有关。

其实，你完全不必用强迫性的语言去说服对方或者命令对方做任何事情。有这样一个故事：

风为了证明自己比太阳强大，就对太阳说："我比你强大多了，这一点我可以轻易地证明给你看——我能很快地脱去那个人的衣服。"风让太阳躲起来，自己开始施展威力。但是，风刮得越大，那个人把自己的衣服裹得越紧。

最后，风不得不放弃了。

这时，太阳从乌云后面出来，晒得人身上暖洋洋的。那人开始出汗了，于是便把外套脱了下来。

太阳对风说："友善的力量，永远都比强迫的力量更强大。"

总之，强迫性的语言只会给我们的家庭带来裂痕。因此，为了家庭的幸福，我们应该放弃使用强迫性的语言，因为我们知道，这种强势的态度永远不能让对方屈服。那么，面对生活中这些不可避免的冲突，我们又该如何解决呢？

（1）尊重对方，这是你能够做到不使用强迫性语言的重要前提之一。

（2）要明白丈夫和妻子之间，没有人是处于领导地位的。

（3）不要认为你们的冲突是绝对的。实际上，根本没有绝对的冲突，关键是解决冲突的方法要恰当。

（4）不要为无谓的小事发脾气，不一定非要在小事上争出个胜负，要知道这是毫无意义的。

经常赞美爱人，他开心你也快乐

> 对自己的爱人，请多一些爱，多一些支持，多一些信心，这样才能帮你的爱人找到比别人更通畅、更宽广的路。

无论是女人，还是男人，都喜欢听到他人的赞美。赞美不但可以取悦对方，让对方获得自信，感受到自身的价值，还像是打在对方身上的一针强心剂，让他更加爱你。

马文是一名"二战"退伍军人，在战争中他不幸受了伤，左腿有点残疾，而且疤痕累累。幸运的是，他仍然能够享受他最喜欢的运动——游泳。

马文身体恢复健康后，和他的太太一起来到海边度假。一到海边，他就直奔自己最喜欢的冲浪，玩累了，就在沙滩上享受日光浴。

后来，马文发现大家都在偷偷地看着他。在此之前，他没有在意过自己满是伤痕的左腿，但是现在他知道这条腿真的是太惹眼了。

这件事过后的一个月，当马文太太提议再次去海边度假时，却遭到了马文的拒绝。他说："我不想去海滩，宁愿待在家里。"

"我知道你为什么不想去海边，马文，"她说，"你开始在意你腿上的疤痕了。"

"我承认你说的话。"马文说。

然后，他的太太说了几句让他永远都不会忘记的话，也正是这几句话，使得他的心里充满了希望与动力。"马文，我知道你很在意你腿上的那些疤痕，可是，你知道吗？它们是你勇气的徽章，是你光荣地赢得的殊荣。亲爱的，请不要自暴自弃地把它们隐藏起来，你要记得你是怎样得到它们的，而且你要骄傲地带着它们，直至永远。现在走吧，我们一起去游泳吧。"

很多时候，我们对爱人所说的明智的话，往往可以改变他对自己的看法，使他变得更好，让他对生命有了全新的看法。使爱人进步的方法，并不是要求他，而是鼓励他。因此，我们应该给予爱人嘉勉和赞赏，找出他最能够施展出来的才华。也就是说，应该鼓励他成为他理想中的样子。

当然，对于爱人来说，并非所有的赞美都有效。为此，我们需要知道哪些赞美会让对方欣然接受并以此作为动力。

1. 甜美的微笑是最好的答复

当爱人花费许多时间让我们一展笑颜时，我们发自内心的微笑是对其付出的极大赞美。

2. 称赞爱人的养家能力

学会称赞爱人对工作胜任有余，或是称赞他为家庭创造高质量生活的能力。你要知道，无论是男女，都很在意自己对家庭所付出的努力，都渴望得到对方的认可或称赞。

3. 对爱人的个人特色进行赞美

如果你总是对另一半说"你很有能力或魅力"之类的赞美话，一次可能奏效，但是说多了，反而会让对方觉得你是在敷衍。不妨针对他的一些个人特色进行赞美，比如，你可以这样赞美："你的成功是因为你在产品定位方面有着优秀的识别能力。"他可能会因为你对他的了解和欣赏而神采飞扬。

终止无意义的争吵，成就亲密关系

> ◆ 把握好分寸，争吵就不会成为伤害，甚至会成为一种沟通。

看过《老友记》的朋友肯定对这段故事印象深刻：莫妮卡是个争强好胜、控制欲很强的女人，而钱德勒是个害怕承诺、恐惧婚姻、喜欢说讽刺话的男人。令人不可思议的是，这样的两个人竟然走到了一起，还结了婚。然而，跟所有夫妻磕磕碰碰、吵吵闹闹一样，他们的争吵也在所难免。

一个晚上，莫妮卡和钱德勒吵了一架，只是因为她要找的东西一时半会找不到了这样一桩鸡毛蒜皮的事。结果，他们就开始拼命对撕。在势均力敌的情况下，双方都分毫不让。

想必很多人看到这里，或多或少会对自己婚姻生活中那些争吵的日子心有余悸："你有什么了不起的，你不就是嫌弃我现在挣钱没有你多？""你现在还真是比我差远了！""你简直是太不可理喻了！""你真的是疯了。"于是各种争吵都出来了。这似乎也印证了那句话：再相爱的人，也有想把对方掐死一万次的冲动。

而实际情况又是怎样的呢？争吵一旦开始，双方基本上是不会有任何理智的，只会选择最伤人、最痛快的那些话来针锋相对。其实，两个人只要吵到不可开交，彼此就会想尽一切办法想要吵赢对方，这完全是人类好胜的天性在作祟。

不过，如果把握好分寸，争吵就不会成为伤害，甚至会成为一种有效的沟通方式。这里就介绍几种不伤感情的吵架方法。

（1）用"我……"表达你的观点。吵架时最好用第一人称表达观点，比如"我觉得你伤害到我了""我觉得你的想法……"等，强调这只是你的个人感受。

（2）说话要直接切入重点。要想解决争议，最好明确地说出你的想法，而不是冷嘲热讽、指桑骂槐，否则很难让对方了解你到底哪里不满意、想要做什么。

（3）不要拿隐私说事。就算争吵得很激烈，也要避免谈及对方的隐私。否则，只会辜负和牺牲别人对你的信任，最终导致因小失大。

（4）给对方说话的机会。为了解开双方的心结，一定要给对方解释的机会，并且耐心倾听。

（5）留点缓冲时间。给彼此留点时间，好好思考和回应对方的意见和看法，才有助于问题的解决。

（6）不要摔东西。不管你有多生气，诸如吐口水、砸东西等行为，在吵架时是绝对禁止的。任何非言语的动作，只会令你的形象越来越差。

（7）不要分出对错。争吵时的分歧并不是谁对谁错的问题，只是看法不同而已。只要认清这一点，消除争端就会容易一些。

（8）不要闹得人尽皆知。吵吵嚷嚷到让身边的人都来围观，只会让双方都陷入难堪的境地，让关系更加恶化。

生活中，从来不吵架几乎是不可能的。如果两个人都在气头上，很可能会说出一些伤人的话，这就要双方注意了，能不伤人就最好不伤人。毕竟任何一段亲密关系都是需要智慧来经营的，而且人生总要经历一些黑暗的时光，才会看到光明。

不要让高危险系数词语成为情感生活的挡路牌

> 当我们开始关心真相,而不是直接做出结论或是横加指责的时候,以往高度危险系数的词语也会变成充满温情的词语。

生活中,几乎每对恋人都会遇到一些高危险系数的词语,而这些词语又会给他们的情感生活带来很大麻烦。

迈克和黛比是一对恋人,黛比总是习惯用"你总是……"这样的句式来开始两个人的对话。然而,每当迈克听到"你总是……"这几个字时,心里就会觉得很不舒服:"又来了,天啊,简直让我烦透了!只要我一出现,她总是这个样子,我到底做错了什么?!"

结果,迈克的注意力全集中在了反击黛比这种"你总是……"的说法上,根本不关心她到底说了些什么。

其实,黛比这么做,只是想引起迈克的注意。她也有烦恼,想找人诉说,想得到对方的理解和鼓励,但是又找不到合适的途径和方式排解内心的不悦。

于是,下意识地,她选择了用"你总是……"这种方式表达自己强烈的不满情绪。实际上,她只是想说:"你太让我失望了。"而内心里却又渴望他关注自己的感受,并帮助自己摆脱烦恼。但是,由于迈克并不知道黛比的真实想法,所以误会频频出现。

有时候，迈克会发现家里的后门整夜都忘记关。于是，他就去问黛比是不是忘了锁门就回屋了。黛比却为自己辩护道："你总是因为门没关而责怪我，好，我承认，这都是我的错。"

其实，迈克并没有指责她的意思，便反驳道："我根本没有责怪你的意思啊！"我们可以试想一下，在这种情况下，这段对话很可能会以"不，我没做"或"是，就是你做的"的方式无休止地争执下去。

为了避免对话陷入这种怪圈，我们可以重新设计一个更加理性的沟通方式。当迈克再次发现门没关时，如果他能以一种柔和的态度问问黛比，那么黛比也就不大可能说"你总是指责我"这种话了。或许，她会这样回答："没有吧，我清清楚楚地记得自己已经把门关上了。我回到床上之后，你又去车库拿了什么东西，还记得吗？"

很多时候，如果一个人面对的是友善的询问，那么，来自语言及表达方式的力量或许连他自己都会感到惊讶。如果迈克突然想起来，原来自己才是那个闯祸的人，肯定会像温驯的绵羊一样向黛比道歉，承认自己不该错怪她忘记关门。

事实上，当我们开始关心真相，而不是直接做出结论或是横加指责的时候，以往高度危险的词语也会变成充满温情的词语，这种改变还会增加彼此之间的理解和爱。

爱情中偶尔也需要善意的谎言

> 有时候，善意的谎言不仅是情侣间的调和剂，还是让爱情永葆青春的神奇秘方。

没错，婚姻要求坦诚，拒绝谎言，但是在平常的日子里，偶尔给你的他"定制"一个小谎言，没准还会带来意想不到的惊喜与浪漫。在爱情中，一个善意的谎言也许会营造出一种爱的甜蜜氛围。当然，如果你识破了对方的谎言，也要给对方一个台阶下，因为爱情同样需要理解与包容。

一次，小莘过生日，男友买了一条项链作为生日礼物送给她，并且自信满满地说："我跑了好几家商场，挑选了很久，我觉得这个款式最适合你。"

说完，男友深情地凝望着小莘，希望她也能喜欢。

其实，小莘并不太喜欢这条项链的款式，但是她又不想让男友为难，便左右端详、上下打量，赞叹道："这条项链好别致啊，款式也很时尚，一定花了不少钱吧？带上它，我就忍不住会想到你。"

男友听了，一脸喜悦，心里别提多美了。

试想，如果小莘把自己的真实想法告知男友，岂不是大煞风景？虽说爱人之间应当真诚相待，不应该存有虚伪欺骗，但有时也需要变通一下。如果事事都如实相告,每一句话都不掺半点假,很有可能使原本和睦的关系出现裂痕。

在二人世界里,爱的谎言是甜蜜的,也是爱情生活中不可缺少的调和剂。这就好比另一半对你撒的善意的谎言一样,有时候不是因为他有意为之,而是因为他更在乎这份爱。在无关大局的事情上,不妨撒个小谎,给爱情润润色,从而营造出一种温情脉脉的氛围。

所以,情侣们要善于运用好下面这些善意的谎言,它们可以使对方对你宠爱有加。

(1)"今天晚上要加班。"俗话说"距离产生美",天天待在一起,万一对方烦了怎么办?

(2)"我也喜欢看这个节目。"你是真的爱看吗?恐怕未必。但是爱情就是要相互包容,不妨从忍受一个完全不喜欢的节目开始。

(3)"哈哈!太逗了!"如果对方的笑话或段子不够搞笑也没关系,最起码你还能假笑一下,这还能练习腹肌,难道不是吗?

(4)"你做的饭真好吃。"也许他明知道自己做的饭不好吃,但你还是一直夸他。以后,就算他厨艺不精,也会绞尽脑汁做出好吃的饭菜给你。你的一个小小的鼓励或许就会使一个厨神诞生。

(5)"我没看过这个电影啊。"其实这是你最爱看的电影之一,不知已经看了多少遍了。不过为了你的另一半,再看一遍又何妨?反正走走神,时间就过去了。